イベント検定 公式テキスト

基礎から学ぶ、基礎からわかるイベント

一般社団法人日本イベント産業振興協会
Japan Association for the Promotion of Creative Events

「イベント検定」に臨まれるみなさまへ

　現在、私たちは日々、マスメディアやWebメディアから流される大量の情報の中ですごしています。世界各地の出来事や、天気などを即時に知ることができ、自宅にいながら買い物ができるなど、便利で快適な暮らしを享受しています。

　しかし、便利になればなるほど、人と人との対面的なコミュニティ活動の「場」が減り、結果として地域社会のコミュニティ活動が薄れ、地域社会の活性化に影響を与えています。

　今後は、社会的コミュニティ、地域的コミュニティの活動を活性化していくことが、ただ「便利で快適な社会」だけではなく、「豊かで充実した社会」を創っていく大切な要素として考えられます。

　「イベント」は、その有効な手段として注目され、実施されています。「イベント」のコミュニケーション・メディア機能は、「人と人」「人とコト」「人とモノ」をつなぐ媒体として有効なだけでなく、体温を感じることのできる「直接的・双方向的」メディアとしての特性をもっています。「イベント」を通して培われたコミュニケーションは、安全な社会のための、防犯、防災のコミュニケーション活動にも役立っていくこととなります。

　しかし「イベント」は、効果的なコミュニケーション・メディアであると同時にリスクももっています。例えば、同じ空間に「人を集める」ということの安全性の確保、天候や動員人数などの不確定要素、予算の確保など、数え上げればきりがありません。また、近年では、社会情勢の変化によって「イベント」を取り巻く環境も変化しています。「コンプライアンス遵守」「情報管理」「環境配慮」「ユニバーサルサービス」など、ただリスクを回避して「イベント」を実施するだけではなく、「イベント」を総合的に社会に適応させていく責任があります。

　この「イベント検定」の教科書を通して、安全で快適な「イベント」を制作する力を培うだけではなく、「イベント」の社会的意義、社会的責任のあり方など、「イベント」の全体像を、知っていただくことができれば幸いです。

　人々に感動と出会いを与える「イベント」が、一つでも増えることを願って。

一般社団法人日本イベント産業振興協会
能力・コンテンツ委員会　委員長
間藤芳樹

目次

第1章　イベントの概念と全体像

第1節　イベントの概念と分類　2

1-1　イベントの定義　2
1．イベントという言葉の意味　2
2．イベントが意味する多様性　2

1-2　イベントの基本構造　5
1．イベントの必須要件　5
2．イベントの基本構成要素　6

1-3　イベントの分類　7
1．イベントの形態別分類　7
2．主催者の社会的機能や役割による分類　9

第2節　イベントの歴史　12

2-1　社会の発展とイベント　12
1．古代のイベント　12
2．古代日本人とイベント　13
3．中世から近代のイベント　14

2-2　時代を変えた国際博覧会　15
1．産業博覧会から国際博覧会へ　15
2．国際博覧会の歴史　16
3．国際博覧会と日本　18
4．近代日本の博覧会　18
5．現代日本の博覧会　20

2-3　現代社会とイベント　22
1．現代の祭りと日本人　22
2．現代のイベント　24

第3節　メディアとしてのイベント　26

3-1　コミュニケーション・メディアとしてのイベント　26
1．イベントとコミュニケーション・メディア　26
2．コミュニケーション・メディアの特性　26
3．イベントのコミュケーション・メディアとしての特性と機能　29

3-2　イベントのメディアとしての社会的役割 …………… 30
　　　　　1．イベントの社会実験機能　30
　　　　　2．イベントの教育機能　30
　　　　　3．イベントのシミュレーション機能　31
　　　3-3　地域イベントのコミュニケーション効果 …………… 32
　　　　　1．地域イベントの目的　32
　　　　　2．地域イベントのコミュニケーション・メディアとしての効果　33

第2章　イベントの企画と計画

第4節　イベントの企画　　36

　　　4-1　イベントの企画と計画 ……………………………… 36
　　　　　1．企画と計画の違いを理解しておこう　36
　　　　　2．イベントづくりの段階と企画・計画づくり　39
　　　4-2　イベント企画の立案手法 …………………………… 42
　　　　　1．イベント企画の構成要素　42
　　　　　2．イベント企画の核となるコア・アイディア　43
　　　　　3．アイディアの本質と原理　44
　　　　　4．効果的・効率的なアイディア発想法　46
　　　4-3　基本構想の構成内容 ………………………………… 48

第5節　イベントの計画　　50

　　　5-1　基本計画の考え方 …………………………………… 50
　　　　　1．基本計画の役割……基本構想の具体化　50
　　　　　2．基本計画づくりの5つの視点　52
　　　5-2　基本計画の構成内容 ………………………………… 53
　　　　　1．基本計画の主たる項目と内容　53
　　　　　2．基本計画づくりの3つのポイント　55
　　　5-3　実施計画の役割と構成内容 ………………………… 56
　　　　　1．実施計画の役割と策定ポイント　56
　　　　　2．実施計画づくりの項目と必要な書類　58
　　　　　3．実施計画と実施マニュアル　59

第6節　イベント企画書とプレゼンテーション　　62

6-1　イベント企画書の考え方 …………………………………… 62
　　1．イベント企画書の役割　62
　　2．イベント企画書に必要な「3つの力」の提示　63
6-2　イベント企画書の構成 ………………………………………… 64
6-3　プレゼンテーションの方法 …………………………………… 66
　　1．プレゼンテーションとは　66
　　2．プレゼンテーションの基本的方法　66

第3章　イベントの制作推進

第7節　イベントの制作推進と管理　　72

7-1　イベントの制作推進とは ……………………………………… 72
　　1．制作と製作　72
　　2．プロデューサーとディレクターの役割　72
7-2　イベントの4大管理 …………………………………………… 76
　　1．品質管理　76
　　2．工程管理　78
　　3．予算管理　80
　　4．安全管理　81

第8節　イベントの会場制作　　84

8-1　イベントによって異なる会場選び ………………………… 84
8-2　会場施設条件の把握とゾーニング ………………………… 85
　　1．会場用地・施設スペース　85
　　2．会場施設条件　86
　　3．会場構成とゾーニング　86
8-3　イベント会場の施工管理 …………………………………… 87
　　1．施工計画の手順　87
　　2．施工の管理方法　88

第9節　イベントのプログラム制作　　　　　　　　　　90

- 9-1　イベントプログラムの概念と制作の考え方 ………… 90
  - 1．イベントプログラム　90
  - 2．プログラム制作の5つの視点　91
- 9-2　スタッフィングとキャスティング ………………… 93
  - 1．スタッフィング　93
  - 2．キャスティング　93
- 9-3　イベントプログラム制作と構成表・進行台本 ……… 95
  - 1．イベントプログラム制作のポイント　95
  - 2．構成表と進行台本　96

第10節　イベントの告知・集客　　　　　　　　　　98

- 10-1　イベントの告知・集客の考え方 ……………………… 98
  - 1．参加者・来場者・協力者　98
  - 2．告知・集客活動　99
- 10-2　イベントの告知・集客のためのツールと手段 ……… 102
  - 1．コミュニケーション・メディアの特性　103
  - 2．広報・PR活動　105

第4章　イベントの運営とマネジメント

第11節　イベント運営の全体像　　　　　　　　　　108

- 11-1　イベント運営とは ……………………………………… 108
- 11-2　制作推進の主体としてのイベント事務局 …………… 110
  - 1．イベント事務局の設置　110
  - 2．イベント事務局の基本業務　111
  - 3．イベント事務局での事前準備の重要性　112
- 11-3　イベント実施時の会場運営 …………………………… 113
  - 1．会場運営の考え方　113
  - 2．会場運営組織について　113
  - 3．会場運営業務の基本的内容　114

第 12 節　イベント運営業務のポイント　　116

- 12-1　会場管理業務のポイント …………………………… 116
  1. 安全管理業務　116
  2. 警備業務　118
  3. 清掃業務　118
  4. 衛生管理業務　119
  5. 施設・設備・備品管理業務　119
  6. 来場者の入退場管理業務　120
  7. 来場者誘導案内・整理業務　121
  8. スタッフ通門管理業務　121
- 12-2　プログラム進行業務のポイント …………………… 122
  1. プログラム施設管理業務　122
  2. 参加者・出演者管理業務　122
  3. プログラム進行業務　122
  4. 配布物管理業務　122
- 12-3　会場サービス業務のポイント ……………………… 123
  1. 来場者案内対応業務　123
  2. ユニバーサルイベント対応業務　124
  3. 医療・救護業務　124
  4. 来賓（VIP）接遇業務　125
  5. クレーム対応業務　126
  6. 遺失物・拾得物取り扱い業務　126
  7. 迷子・迷い人対応業務　127
  8. サービスプログラム管理業務　127

第 13 節　リスクマネジメントと安全管理　　128

- 13-1　イベントにおけるリスク …………………………… 128
  1. リスクの定義と基本対策　128
  2. イベントのリスクの多様性　129
  3. イベントのリスク要因　130
- 13-2　イベント会場のリスクマネジメント ……………… 132
  1. イベントのリスクマネジメントの特性　132
  2. イベント会場のリスクマネジメントのポイント　133
- 13-3　イベントと保険 ……………………………………… 135
  1. イベント関連の各種保険　135
  2. イベント保険　137

第14節　これからのイベントマネジメント　　138

- 14-1　イベントとコンプライアンス ……………… 138
    1．コンプライアンスの考え方　138
    2．コンプライアンスの幅広い意味　138
    3．イベントのコンプライアンスの特性　140
- 14-2　イベントづくりに関する規制 ……………… 141
    1．行政による法規制　141
    2．会場施設管理者や公益法人による契約規制　142
- 14-3　警察署、消防署、保健所による法規制 ……………… 144
    1．警察署によるイベント関連の主な法規制　144
    2．消防署によるイベント関連の主な法規制　145
    3．保健所によるイベント関連の主な法規制　146
- 14-4　各種のイベント関連法規 ……………… 148
    1．著作権と肖像権　148
    2．個人情報保護法　149
    3．バリアフリー新法　150
    4．暴力団対策法・暴力団排除条例　150
    5．その他の関連法規　151
- 14-5　イベントのサステナビリティとレガシー ……………… 152
    1．サステナビリティ　152
    2．レガシー　156

第15節　ユニバーサルイベント　　160

- 15-1　多様な来場者が当たり前の時代 ……………… 160
    1．ユニバーサルイベントの背景　160
    2．ユニバーサルイベントとは
        ……特別対応から、当たり前に一緒の対応へ　160
    3．障がいは誰にでもあり、障がい者は環境によって生まれる　161
- 15-2　ユニバーサルイベントの基本構造 ……………… 164
    1．企画・計画時から多様性に配慮する　164
    2．ユニバーサルイベント構成の4要件　165

参考・引用文献 ……………………………………………………………… 172
編著者・著者・執筆分担 …………………………………………………… 173

TOPICS

【第1章】 非日常性について　4
イベントの計画性について　5
「プラス1H」の考え方について　6
MICE（マイス）　9
オリンピックの発展を生んだ博覧会　17
日本で最初の博覧会とは？　19
コミュニケーションの意味　27

【第2章】 企画と計画はクルマの両輪　41
2020年東京オリンピック・パラリンピック招致プレゼンテーション　69

【第3章】 映画は「制作」？「製作」？　73
「ねらいの品質」と「出来栄えの品質」　77
広報・PR関連用語　106

【第4章】 労災保険　136
トイレの便器の必要設置個数　147
サステナビリティの国際標準　155
環境が変われば、あなたも障がい者　162
ユニバーサルデザインとは　163
多様な人と共に考え、行動することが大切　164
ユニバーサルコミュニケーション・ツールの紹介　168

第1章

イベントの概念と全体像

第1節　イベントの概念と分類
第2節　イベントの歴史
第3節　メディアとしてのイベント

第1章　イベントの概念と全体像

第1節　イベントの概念と分類

1-1　イベントの定義

1．イベントという言葉の意味

　「イベント」という言葉は外来語で、英語では「event」と表され、主に「出来事」「事件」という意味で説明されています。
　しかし、日本語のカタカナの「イベント」は、「出来事」などの意味も含みながら、主に「行事・催事」「スポーツ競技の種目」などを意味する言葉として定着しています。そういう意味では、カタカナの「イベント」という言葉は、もはや日本語といっても差し支えないでしょう。
　また近年では「イベント」という言葉は、単に「行事・催事」を意味するだけではなく、ちょっとしたハプニングやいつもと違う出来事を表現する場合もあります。

　本書では、「イベント」という言葉を「行事・催事」として進めていきますが、まずはイベントの概念的な広がりや多様性など、イベント全体を学んでいきましょう。

2．イベントが意味する多様性

　前述のように、「イベント」という言葉は、主に様々な行事・催事的なものを総称する言葉として使われています。例えば、精神性を重視した伝統的な祭りや大きな経済効果のある国際博覧会、オリンピック、国際サッカー大会などもイベントと称されます。
　他にも、産業に直結する見本市や展示会、学術的な会議、講演会、娯楽を追求したコンサートなどのエンターテインメント、また体験型の発表会やコンテスト、生活に密着した文化祭や地域フェスティバル、誕生

日会やクリスマス会などの年中行事や季節の歳事まで「イベント」という言葉に含まれています。

このようにイベントという言葉が意味する概念が大きく、多様性に富んでいるため、時として自分たちがイメージしているイベントという言葉に当てはまらないこともあります。イベントを理解するには、まずイベント全体の概念、多様性などを理解することが大切です。

そのうえで、一般にイベント（event）という言葉に含有される行事・催事の名称も理解しましょう。

イベント関連の英語表記・カタカナ表記

博覧会	＝	exposition (EXPO)	エキスポ
展示会	＝	exhibition, show	エキシビション、ショウ
見本市	＝	fair, trade fair	フェア、トレードフェア
祭り	＝	festival, carnival	フェスティバル、カーニバル
会議・集会	＝	congress, conference, meeting, convention
		コングレス、カンファレンス、ミーティング、コンベンション

（1）イベントの定義

イベントという言葉の意味を理解するために、その概念の大きさ、多様性を包括した「イベントの定義」を考えてみましょう。

> イベントは、何らかの目的を達成するための手段として行う行事・催事のことである。
> 　　　　　　　　　　　　　　　　　　（イベントの概念的な定義）

この定義は、「日本万国博覧会（大阪万博）」（1970年）などが成功した後、様々なイベントが開催されるにあたって、旧通商産業省の「イベント研究会」で策定された定義です。

イベントの本質である「目的と手段」の関係の核心をついた、シンプルな表現です。イベントそれ自体を目的とするのではなく、目的を達成する手段としてイベントを位置づけていることが、最も大切なポイント

第1章　イベントの概念と全体像

です。
　また、イベントを企画制作する立場に立ち、イベントを実務的なものとして考えた場合、以下のように定義できます。

> イベントとは、非日常を設定し、複数以上の人間を集め、時間と空間を共有することで、ある目的を達成する手段として実施する行事・催事のことである。
>
> 　　　　　　　　　　　　　（実務的な考え方としてのイベントの定義）

（2）本書のイベントに含めないもの

　一般的にはイベントという言葉が行事・催事の総称であると述べましたが、本書での「イベント」の解説に当てはまらない事例は以下のとおりです。
　特殊な宗教的祭祀や儀式、式典は、イベントとして対象外としていますが、それに付随する「付祭り」は、観客を呼び寄せ、非日常を享受するものなので、イベントとして扱います。
　他にも、チケット販売を重視して、定期的に実施されるミュージカルや演劇などは、独自のビジネス慣習や制作手法が数多くあることもあり、「**興行**」として扱い、本書としては対象外とします。

▶祭祀（さいし）
神や祖先を祭ること。祭典の一種。

▶付祭り（つけまつり）
神社の祭礼などのときに、山車（だし）や踊りなど、余興として行われるイベント。

TOPICS　　非日常性について

　イベントは日常社会のなかで「非日常の場」を設定するものです。日本では、これらのことを「ハレ＝非日常、特別」と「ケ＝日常」として表現していました。この「**ハレとケ**」の考え方は「遠野物語」などで有名な民俗学者柳田國男が提唱したものです。
　「ハレ」は「晴れ着」や「晴れ舞台」「晴れの日」として、日常生活のなかでイベント的なもの、特別なものとして区別してきました。現代の「イベントには非日常性がある」という概念は、この「ハレとケ」の概念と共通性があると考えられます。

1-2　イベントの基本構造

1．イベントの必須要件

どのイベントにも存在し、それがなければイベントとはいえない要件を、**イベントの必須要件**といいます。イベントを他の一般的な出来事と区別し、イベントとして成り立たせるには、以下の要件を満たす必要があります。

イベントの必須要件

① **目的の存在** … イベントには、開催目的や開催趣旨、開催意義または課題など、目的が存在する。

② **計画性** ……… イベントは、意図的に計画されたうえで実施される。

③ **非日常性** …… イベントは日常とは違う何か特別な、非日常的なコトやモノ、体験的要素で構成されている。

④ **場の創出** …… イベントの「場」とは、単なる場所ではなく、集まった人々が「意味のある空間と時間」を共有する場所のことである。

⑤ **コミュニケーション表現・活動**
　………… イベントでは、行事・催事プログラムやコンテンツなどといわれるコミュニケーションのための表現や活動が存在する。イベントはコミュニケーション・メディアとして「人と人」「人とコト」「人とモノ」をつなぐ役目をする。

TOPICS　イベントの計画性について

　イベントは計画性があってはじめて意味をもちます。もし、計画性がなくすべて偶発的に実施すれば、それは、**アクシデント**（accident）や**インシデント**（incident）であり、もはや「イベント」ではなく「事件、事故」となってしまいます。また、**ハプニング**（happening）は、予定外の偶発的な出来事を意味しますが、イベント計画の流れを止めずにコントロールできる場合は、イベントならではのライブ感として特徴づけられるケースもあります。

2．イベントの基本構成要素

イベントの必須要件を機能的に細分化し、項目別に構成したものが**イベントの基本構成要素「6W2H」**です。

図表1−1　イベントの基本構成要素：6W2H ©JEPC

① Who	誰が	主催者、主催組織、実施者
② Why	なぜ	開催趣旨、目的、意図、理由、課題
③ Whom	誰に	来場者、観客対象、参加者、告知対象
④ What	何を	プログラム内容、行事・催事内容
⑤ When	いつ	開催時期、期間、時間
⑥ Where	どこで	開催場所、会場
⑦ How	どのように	実施方法、演出内容、プログラムの構成内容、具体的展開手段、運営方法
⑧ How much	いくらで	開催費用、予算、収入管理、支出管理

　イベントは、これらの「6W2H」の基本構成要素が、企画・計画段階、制作推進段階、実施段階のすべての段階で、相互に機能し、整合性がある状態でバランスよく保たれながら実施されるべきものです。

TOPICS　「プラス1H」の考え方について

　近年、社会的目的のある「**ソーシャルイベント**」や、地域の課題をテーマに行う「**コミュニティイベント**」が注目されています。これらの潮流を受け、主催者やスタッフなどの、お客さまに対する考え方や接客態度などがより重要視されています。お客さまに対する「Heart＝心、誠意」や「Hospitality＝おもてなし、配慮」など、6W2H「プラス1H」の考え方は、イベントそのものの成否を左右しかねないものです。

1-3　イベントの分類

　いろいろな形態をもつイベントは、様々な視点から分類することができます。代表的な分類は、「**イベントの形態別分類**」「**主催者の社会的機能や役割による分類**」の2種類の分類です。それぞれについて見ていきましょう。

1．イベントの形態別分類

　イベントを形態別に分類すると、以下の6つに分けることができます。

イベントの形態的分類

① 博覧会系イベント　　　　　　② 見本市・展示会系イベント

③ 祭り・フェスティバル系イベント　④ 文化芸能系イベント

⑤ スポーツ系イベント　　　　　　⑥ 会議・集会系イベント

---

① 博覧会系イベント

　新しい芸術や学問、仕組みなどの文化的なことや技術などを、一般的に広く普及させることを目的とした、大規模で国際性を基本とする総合的なイベントです。

　長期間、開催されることが多いため、パビリオンなどを建設することもあります。万国博覧会、国際博覧会、地方博覧会、テーマ型博覧会などが該当します。

② 見本市・展示会系イベント

　企業や業界団体が、新製品やサービスの展示や実演を行い、商談・販売・PR等に結びつけることを目指したイベントです。

　名称は様々ですが、多くの場合、○○フェアや○○展、○○ショーなどと称されます。

③ 祭り・フェスティバル系イベント

　地域共同体やテーマ共同体を構成する人たちが、祭祀、祝祭、フェスティバルとして行う行事・催事です。

　祭祀のさいに行われる付祭りや、地域共同体の活性化を目的とした市民祭りなどが該当します。内容はパレード、ダンス、各種芸能など様々で、参加人数も数十人から何十万人と規模も様々です。

④ 文化芸能系イベント

　自治体や企業・団体が、美術・工芸・音楽・演劇・映像・芸能などの芸術・文化を、社会に向けて発表するイベントです。

　形式はコンテストやコンクール形式、発表会形式をとるものが多いのが特徴です。

⑤ スポーツ系イベント

　代表的なものは、オリンピック・パラリンピック、FIFA ワールドカップなどがあります。国体や各種競技の選手権大会もあり、小さなものでは、各学校の運動会や身体運動を目的としたレクリエーション大会も含まれます。このように、社会的集団別、競技別、地域別など多くの種類があるイベントです。

　人気の大型競技会は、有力なメディアイベントとしても注目を集め、大きな経済効果も得られます。

⑥ 会議・集会系イベント

　一定のテーマに人々が集まり、討論、講演、シンポジウム、セミナー、ワークショップ等を行うものです。大きいものでは国際学会やサミットなどの国際会議、小さなものは地域のワークショップやセミナーなどがあります。

> **TOPICS** MICE（マイス）
>
> 　最近、観光産業やイベント産業の中で「MICE」という言葉が、よく使われるようになりました。
> 　「M＝Meeting」団体や企業等のミーティングなど
> 　「I＝Incentive」企業が従業員や代理店の顕彰や研修のために行う旅行など
> 　「C＝Convention」国際会議、学術会議といった総会、会議など
> 　「E＝Exhibition/Event」文化・スポーツイベントや展示会・見本市など
> 　「MICE」とは、これらの頭文字をとった、ビジネスイベントの総称です。
> 　国の観光立国推進の流れを受けて、観光立国実現アクションプログラムの主要な柱として位置づけられています。
> 　しかし近年は、海外でも「MICE」を切り口に、観光立国を目指している国も多く、誘致競争が激化しています。魅力ある観光資源の再構築、言語問題、「おもてなし」の接遇など、日本として、今まで以上に取り組むべき問題が残されているといえるでしょう。
>
> ※参考　観光庁「MICEの開催・誘致の推進」

2．主催者の社会的機能や役割による分類

　外見的には同じようでも、主催者が違えば、それぞれのイベントが果たす機能や役割は違ってきます。
　主催者の違いを基本に分類すると、次のようになります。

主催者の社会的機能や役割による分類

① 公共型イベント　　② 産業型イベント　　③ 市民型イベント　　④ 私的生活型イベント

---

① 公共型イベント
　国や自治体などの行政や、公的組織・団体が社会全体や地域社会の住民に対して行うイベントで、会議、シンポジウム形式や観光フェスティバルなど、様々な形で実施されます。
　公共の主催者だけで費用を負担する「**行政政策型**」と、民間と協力して、入場料収入を得るなど採算性も重視する「**官民協力型**」などがあります。

② 産業型イベント

　企業や業界団体などが、社会や市場での利益や価値の増大を目的としたイベントです。**企業が単独で実施**する場合と、業界団体やメディアなどの主催会社が、**企業の参加や出展をつのって実施するケース**とがあります。商品展示会や、シンポジウム、街頭やイベントスペースで行われる販売促進イベント、ホールを使用した文化イベントなど様々なタイプが考えられます。

　さらに、産業イベントは、その目的によって、売上増加、新商品認知などの実際的な販売促進効果を目指す「**広報・販促型**」と企業の社会貢献やイメージアップを目指す「**社会貢献型**」に分けられます。

③ 市民型イベント

　市民団体や市民グループなどが主催するイベントです。地域の賑わいづくりや住民同士の連帯を深めるため、地域アイデンティティを醸成するためなど、主に地域や住民のためのイベントで、「**ソーシャルイベント**」「**コミュニティイベント**」とも表現されます。

　近年は、テーマも環境問題、教育問題、エネルギー問題など多様化しており、社会性の高いNPO法人などが主催するイベントも増えてきました。

④ 私的生活型イベント

　個人が友人や家族といった私的単位で開催するイベントを、私的生活型イベントとして分類できます。クリスマスホームパーティー、誕生会などの「プライベートイベント」がこれに当てはまります。

　ここでは、大きく4種類に分けました。しかし近年、この社会的機能や役割による分類は複雑化してきており、行政とNPO法人、市民団体などが主催する「**行政市民型イベント**」、企業と大学などが共同で実施する「**産学共同型イベント**」など、その形式も複雑化してきています。

　それらを理解するうえでも、まずは基本の分類を理解することが重要です。

第1節　イベントの概念と分類

第1章　イベントの概念と全体像

第2節 イベントの歴史

2-1　社会の発展とイベント

1．古代のイベント

人はいつから、イベントを行ってきたのでしょう。
　歴史を紐解いていくと、はるか古代からイベントは存在していたということに気づきます。もちろん、その頃はイベントという言葉も、イベントという概念もなかったので、あくまで「イベント的」なものを行っていたというべきでしょう。
　紀元前の古代ギリシャ、古代エジプトや古代ローマやシルクロードの交易都市など、様々な場所で現在のイベントに通ずる「イベント的」な催しが行われてきました。大きく分けると、次の3種類の「イベント的」なものが複合化、融合化されて行われていたと考えられます。

古代に行われていたイベントの分類

① 覇権政策型イベント　　② 宗教儀式型イベント　　③ 市場交易型イベント

---

① 覇権政策型イベント
　征服者や治世者などが、自らの権威と力を誇示するため、または規則や法などを人民に伝え理解させるために実施された行事・催事です。
　即位式や格闘技、戦争の凱旋パレード、戦利品の展示会、演劇、古代オリンピックに代表される競技大会など、多彩なイベントが行われていました。政治と密着しているのが特徴的なイベントといえます。

② 宗教儀式型イベント
　原始宗教や雨乞い、祈祷、生贄儀式など、宗教上の教えの普及や啓発

のため、人民を集め実施されていたものです。奇跡の演出がある大がかりなものから、講演会方式で演説するもの、ミニ集会のようなものまで規模は様々です。メッセージ性の強いイベントだといえるでしょう。

③ 市場交易型イベント

宗教儀式の際などに定期的に開催されていた、物販中心の「市（いち）」や、交易都市などで他民族や異文化の商品・産物を販売したり交換したりするための大きな「市場（いちば）」のような、経済活動を中心としたイベントです。

これらは、動員や話題づくりのため、エンターテインメントや食の名物づくりなどを併設し発展しました。ヨーロッパには、教会前などにイベント広場がある都市が多いことからも、街づくりそのものの基礎となったイベントであるといえるでしょう。

このように、古代のイベントが、北アフリカ、ヨーロッパ、アジアなどを中心に広がり、様々な形で発達・融合し、現在のイベントの多様性のもととなったと考えられます。

現在のイベントの一形式である「fair」が、ラテン語で「休日」を意味する言葉を語源とするのも、イベントとの深い関わりを示しています。

まさに古代より、人はイベントと共に生きてきたといっても過言ではありません。

2. 古代日本人とイベント

「古事記」や「日本書紀」などの古い文献を紐解くと、日本人は古くから「イベント的」なものを行ってきたということがうかがえます。

事実であったかどうかは別として、神話の時代の天岩戸（あまのいわと）伝説や、邪馬台国の女王である卑弥呼のシャーマン的儀式など、様々な「イベント的」なものが言い伝えられています。

古代は常に厳しい自然と向かい合う生活でしたから、太陽崇拝、死者への鎮魂（ちんこん）、怨霊（おんりょう）への畏怖（いふ）など、自分たちだけでは解決できない課題を、人が集まり「共同体」として、イベント的な手法で治めていこうとしたと考えられます。

これらの考え方や伝統的な手法は、現在まで脈々と続いており、五穀豊穣（ごこくほうじょう）、自然に対する祈り・鎮魂などを目的とした祭祀は、祭りや歳時イ

◀天岩戸（あまのいわと）伝説
日本神話の一場面。太陽の神アマテラスオオミカミが、天岩戸という洞窟にこもって入口を閉ざしてしまい、世の中が真っ暗になった。困った神々は様々な儀式を行い、天岩戸の前でアメノウズメノミコトが舞ってみなで騒いだ。するとアマテラスが出てきて、世の中が再び明るくなったという。

◀シャーマン
自らを通常とは異なる精神状態に置いて、神や霊と交信し、お告げなどを行う者。

第1章　イベントの概念と全体像

ベントとして当たり前のように今も実施されています。
　また、お伊勢参りや熊野詣、お札所めぐりなどの原型も、修験道の修行道として古くからあったと考えられます。
　昔の日本人は、自然と向き合いながら、働きづめで、質素で厳しい日常を送っていました。そして、このように苦しい生活を送る「**普段の日常生活**」を「**ケ**」として表現しました。一方、年に一度の祭礼や、家族の結婚などの慶事があった特別な日には、地縁・血縁のある人たちを集め、お祝いの場とし、これを「**特別な非日常の日**」として「**ハレ**」と表現しました。ここでは日常と打って変わってぜいたくな時を過ごし、「ケ」の世界からの精神的な転換や、地縁・血縁のつながりの確認などを行ってきたといえます。
　この非日常的な「ハレの日」を、生活や地域のなかにシステムとして組み込んできたことは、日本の地域共同体の維持安定に大きく貢献したといえるでしょう。

▶お伊勢参り
伊勢神宮への参拝。

▶熊野詣（くまのもうで）
熊野三山への参詣。

▶お札所（ふだしょ）めぐり
札所とは、巡拝者がお札を納めたり受け取ったりする霊場で、それら札所をめぐること。四国八十八ヶ所、西国三十三所などが有名。

▶修験道（しゅげんどう）
日本古来の山岳信仰に基づいた、日本仏教の一派。行者は山中での修行を行い、修験者、山伏とよばれる。

3．中世から近代のイベント

　中世になると、ヨーロッパ各地に都市や都市国家が形成されていきます。その多くは、中央に大きな広場が配置され、その広場に面して教会と市庁舎などの役所が配置されていきました。そして、教会でのミサの後などに、物々交換目的の「**市**」が立ち、そこに集まる人々を目当てに、他国の商人、新しい物産や見世物、芸人、芸術家などが集まり、非日常的な空間である「**祝祭空間**」が発展していきました。フェスティバル形式のイベントの原型といえるでしょう。

　やがて、これらが目的別やカテゴリー別に専門的に開催されていくようになり、15世紀のフランスでは、現在の展示会の原型ともいえる「フランス物産展示会」が開催されました。17世紀には美術展やコンテストの原型ともいえる「フランス・アカデミー展覧会」が開催され、一部の特権階級のものであった芸術作品が一般の人々に鑑賞されることによって、より発展していくこととなりました。
　18世紀にはライバル国であったフランスとイギリスが相次いで、物産展示会から発展した「産業展示会」を開催し、商工業の新技術などが注目を集めていきます。その後の世界的革新となるイギリスの産業革命

▶産業革命
1760年代のイギリスで始まった、産業や社会の大変革。技術の革新により機械設備をもつ大工場が成立し、社会の構造も大きく変わった。

期の夜明けと重なり、多くの展示会が開催されることとなります。

　産業革命期には、これらのイベントが多くの人々に新技術や発明を伝える役目を担い、**体感メディア**としての特性を発揮しました。

　これらの「産業展示会」や「美術展」「芸術展」などがその後、総合化、統合化されていき、19世紀に開催される「国際博覧会」の基礎となっていきました。

2-2　時代を変えた国際博覧会

1．産業博覧会から国際博覧会へ

　18世紀後半から19世紀の前半に、主にイギリスで起こった産業革命は、ヨーロッパ全体に大きな技術革新をもたらしました。その後、アメリカ、アジアにも波及し、工業を中心に世界を変えていきます。

　イギリスやフランスを中心に開催されていた「産業展示会」は、新しい技術、新商品、新製品などのめまぐるしい発展に伴って、複合的な要素を多く含む見本市的な「産業博覧会」として各地で開催され、多くの入場者を集め、技術革新の教育や啓発に大きな役割を果たしました。

　このような時代的背景を受けて、1851年にイギリスで「ロンドン万国博覧会」が開催され、他国に大きな影響を与えていきます。

　国際博覧会では、国境の枠をゆるめて、自由にモノや人が行き来できることが前提になっています。いわゆる**「自由貿易主義」**であることが、**博覧会開催の大きな要素**となっていました。それまで「保護貿易主義」でやってきた各国は、国際博覧会の開催で、「自由貿易主義」のメリットを確認していくこととなります。

　はじめての国際博覧会計画を担ったイギリスの**「王立実行委員会」**は、国際社会に向けて、自由貿易主義、平和主義、国際協調、民主主義的論理の提唱という博覧会の大きなスローガンを掲げ、国際社会共通のテーマとして各国の理解を得て、開催を実現させました。このことは、その

後の国際博覧会の存在意義そのものに大きな影響を与えたといえます。

2．国際博覧会の歴史

「第1回ロンドン万国博覧会」の成功を受けて、各国はこぞって博覧会を開催することとなりました。このことで、国際交易は盛んになり、新しい技術や製品が世界各地に広がっていきました。初期の主な博覧会は次のとおりです。

図表1－2　欧米諸国初期の国際博覧会

年	名称	動員数	特徴
1851	第1回ロンドン万国博覧会	600万人	はじめての国際博。博覧会ブームの火付け役となる。鉄とガラスでできたクリスタルパレスが爆発的な人気を博す。
1853－1854	ニューヨーク博覧会	115万人	ロンドン博の成功に刺激されたアメリカが開催したはじめての博覧会。当時まだ新興国であったアメリカの躍進につながっていくこととなる。
1855	第1回パリ万国博覧会	515万人	フランスが国威をかけて開催した、フランスはじめての博覧会。パリの国際都市としての魅力が一挙に高まる。
1862	第2回ロンドン万国博覧会	620万人	第1回の博覧会を成功させたイギリスが定期的に博覧会開催を計画。印刷メディア、交通網の整備など、都市機能が発達する。
1867	第2回パリ万国博覧会	905万人	それまでの産業中心の博覧会から、文化イベントへの転換と、世紀の祭典としての新しい国際博の方向を示した博覧会。
1873	ウィーン万国博覧会	725万人	経済復興を促進することを目的に開催された国際博。広大な道路整備やドナウ川運河の改造など、大規模な市街地改造が行われた。日本政府が本格的に参加した初の国際博。
1888	バルセロナ万国博覧会	220万人	カタロニア地方の国際交易の振興や経済発展を目的に開催。都市設計と密接にリンクし、現在のバルセロナの都市基盤が整備された。アントニ・ガウディも設計で参加。
1900	第5回パリ万国博覧会	5000万人以上	20世紀のはじめとなる記念すべき博覧会。40カ国、8万3000点余の展示品が出品され、国威をかけた技術オリンピックの様相を示す。5000万人を超える動員で、博覧会の頂点を極めたと評される。開催都市パリは、花の都、芸術の都と称され、世界の都として、現在に至っている。

※参考　平野繁臣『国際博覧会歴史事典』／内山工房／1999

1851年に開催された「第1回ロンドン万国博覧会」は、イギリスの工業力を世界に示しました。大量生産されたガラスと鉄でつくられたパビリオンの「クリスタルパレス」は、現在のプレハブ工法的に建てられ、人々を驚かせました。また、大型蒸気機関車など、最新の技術が展示され、世界各地に広がっていきました。

第1回ロンドン万国博覧会のクリスタルパレス
※国立国会図書館Webサイト「博覧会―近代技術の展示場」より

また、博覧会は都市開発の手段としても、ロンドン、パリ、ウィーン、バルセロナなど、国際観光都市の現在のあり方に重要な役割を果たすことになりました。日本でも、東京・上野、大阪・天王寺、京都・岡崎などの博覧会跡地は、現在でもランドマークとして機能しています。

特に有名なのは、1889年の「第4回パリ万国博覧会」のために建造されたエッフェル塔です。フランスがアメリカの独立100周年記念に贈った「自由の女神像」も、1876年「フィラデルフィア万国博覧会」や1878年「第3回パリ万国博覧会」で、パーツが展示され、多くの寄付を得ることに成功し、ニューヨークでの建設の実現に至りました。

博覧会は、国際交易の発展や外交にも大きな影響を与えていきました。また、各国の博覧会熱の高まりによって、博覧会の開催頻度などについて各種の規制が必要となり、1928年に「国際博覧会に関するパリ条約」が起草され、併せてパリに**博覧会国際事務局**（BIE：Bureau International des Expositions）が開設されることになり、以後、国際基準に基づいて博覧会が開催されていくことになりました。

TOPICS　オリンピックの発展を生んだ博覧会

1900年の「第5回パリ万国博覧会」の併設イベントとして、運動博覧会である「第2回オリンピック」が開催されました。その後1904年に「セントルイス万国博覧会」、1908年ロンドンでの「仏英博覧会」の併設イベントとして、第3回・第4回のオリンピックが開催されました。

当時の博覧会では、技術コンテストに金銀などのメダルを与えており、オリンピックもこれにならって、メダルを与えることになりました。まさしく、博覧会はオリンピックの発展を支えたといえるでしょう。

※参考　久島伸昭『「万博」発明発見50の物語』／講談社／2004

3．国際博覧会と日本

　江戸時代の後期、長く鎖国していた日本に、多くの外国船が交易などを求めて訪れるようになりました。これにより日本は、世界情勢を知ることとなったのです。

　「坂下門外の変」が起こった 1862 年、幕府は福沢諭吉を含む文久使節団を「第 2 回ロンドン万国博覧会」に派遣し、その規模とレベルの高さに驚いたといわれています。「大政奉還」が行われた 1867 年には、徳川幕府と明治政府側の薩摩藩、佐賀藩が、「第 2 回パリ万国博覧会」に出展参加し、別々に日本をアピールしたことは、歴史的な皮肉というべきでしょう。

　1873 年の「ウィーン万国博覧会」には、生まれたての明治新政府が、日本国として本格的に参加し、大人気を博しました。

　その後、日本は博覧会に国策として積極的に参加し、日本の伝統工芸や伝統技術、産業を海外に紹介していきました。なかでも浮世絵や陶器などの美術品・工芸品は大人気となり、「ジャポニズム」ブームを起こし、印象派などの芸術家に大きな影響を与えることになりました。

1873 年ウィーン万国博覧会の日本館
※国立国会図書館 Web サイト
「世界の中のニッポン」より

4．近代日本の博覧会

▶殖産興業
西洋諸国に対抗できるようにと、明治政府が国家の近代化や産業の育成を推進した諸政策。

　欧米先進国の国際博覧会に積極的に参加してきた明治新政府は、博覧会を、殖産興業などの国策に反映させようと考えました。そして、「西南の役」が起こった 1877（明治 10）年、東京・上野で「第 1 回**内国**

勧業博覧会」を開催したのです。この博覧会は、封建制度の武士の時代が実質的に終焉し、本格的に近代国家へ様変わりしていくことの象徴となりました。

　この後も1881年、1890年に第2回、第3回の内国博覧会が上野で開催され、その跡地は文化施設を中心とした上野の森として人々に親しまれています。

　1895年には「第4回 内国勧業博覧会」が京都・岡崎で開催されました。この年は「平安京遷都1100年イベント」と重なり、100万人を超える入場者となりました。博覧会の開催記念に、平安京遷都当時の大内裏の再建として建立されたのが平安神宮です。岡崎地区一帯は、美術館が立ち並び、現在も国際観光都市・京都の文化発信のランドマークとして人気を博しています。

　1903年「第5回 内国勧業博覧会」は大阪・天王寺で開催されました。430万人の入場者を迎え、10カ国以上の海外からの出展もありました。なかでも人々の注目を集めたのが、アメリカ出展の8台の自動車でした。科学と技術の進歩を実感した博覧会であったといえます。

　博覧会場の跡地には、外国を意識し、凱旋門とエッフェル塔を組み合わせたデザインの「通天閣」が建てられ、天王寺一帯はアメリカのルナパークを模した娯楽街として発展しました。

　一定の役割を担った内国勧業博覧会は5回で終了しました。日本ではその後、軍国主義の台頭とともに、博覧会が開かれることはなく、次の開催は、第二次世界大戦後まで待つこととなりました。

TOPICS　日本で最初の博覧会とは？

　日本で最初に「博覧会」というイベントが開かれたのはいつでしょうか……？

　それは、1871（明治4）年に開催された「京都博覧会」といわれています。

　当時の京都は、首都が東京に移転した影響で、人口が減少し賑わいが消えていました。そのことに危機を感じた有力商人が集まり、地域再活性化イベントとして博覧会を開催したのです。

　小規模ながら、この博覧会は京都の活性化に大いに役立ち、これを機に官民共同の「京都博覧会社」が設立され、その後約60年間にわたり「京都博覧会」を開催することとなりました。

第1章　イベントの概念と全体像

5．現代日本の博覧会

　1964年の東京オリンピックと1970年の「日本万国博覧会（大阪万博）」の成功は、敗戦後の日本の復興の姿を世界に印象づけることになりました。特に大阪万博は約6400万人を集め、それまでの集客の記録を更新しました。
　これらの成功に、日本国民も先進国としての自信を深め、経済発展への道を進んでいくこととなります。その後、日本で開催された国際博覧会は次のとおりです。

図表1－3　現代日本の博覧会

年	名称	開催地	動員数	テーマ・特徴
1970	日本万国博覧会（大阪万博）	大阪府吹田市	6400万人	「人類の進歩と調和」 日本初の国際博覧会。
1975	沖縄国際海洋博覧会（沖縄博）	沖縄県国頭郡本部町	350万人	「海―その望ましい未来」 沖縄日本返還記念として行われた。博覧会の跡地は公園となり、現在は美ら海（ちゅらうみ）水族館などがある。
1985	国際科学技術博覧会（つくば博）	筑波研究学園都市	2000万人	「人間・居住・環境と科学技術」 筑波研究学園都市のアピールも兼ねて開催された。
1990	国際花と緑の博覧会（大阪花博）	大阪市鶴見緑地	2300万人	「自然と人間の共生」 東洋ではじめて開催された大国際園芸博覧会。
2005	日本国際博覧会（愛・地球博）	愛知県長久手町、瀬戸市	2200万人	「自然の叡智（えいち）」 政府は、この愛・地球博以降、万博は「人類共通の課題の解決策を提示する理念提唱型」へ変わったとしている。

1970年日本万国博覧会（大阪万博）の「テーマ館」の一部としてつくられた「太陽の塔」

これらの国際博覧会とは別に、1989年に制定された旧通商産業省「ジャパンエキスポ制度」のもと、地方の活性化を推進する目的で、1990年以降多くの国内博覧会が開催されました。主なものは次のとおりです。

図表1－4　主な国内博覧会

年	名称	開催地
1992	ジャパンエキスポ富山	富山県
1992	三陸・海の博覧会	岩手県
1993	信州博覧会	長野県
1994	世界リゾート博	和歌山県
1994	世界祝祭博	三重県
1996	世界・炎の博覧会	佐賀県
1997	山陰・夢みなと博覧会	鳥取県
1997	国際ゆめ交流博覧会	宮城県
1999	南紀熊野体験博	和歌山県
2001	北九州博覧祭2001	福岡県
2001	うつくしま未来博	福島県
2001	山口きらら博	山口県

これらの博覧会が各地方で開催されることにより、多くの人々が生活の近くで博覧会を体験する機会に恵まれました。

また、これらの博覧会とは別のカテゴリーで「花博（はなはく）」と称される博覧会があります。「花博」はオランダのハーグにある国際機関「国際園芸家協会（AIPH）」が認定した博覧会で、日本では1990年の「大阪花博」が最初の認定となりました。「大阪花博」は「博覧会国際事務局（BIE）」の認定も受けており、2つの認定を受けた国際博覧会となりました。

その後、2000年に淡路島で開催された「ジャパンフローラ2000（淡路花博）」、2004年に浜名湖で開催された「パシフィックフローラ2004（浜名湖花博）」と花博が開催され、環境や緑化について、多くのメッセージを発信しました。

2-3　現代社会とイベント

1．現代の祭りと日本人

　日本は諸外国に比べて、祭りやフェスティバルなどのイベントが多いといわれています。日本人はイベントと共に生きてきたといっても過言ではありません。

　祭りは、もともと神様への感謝や祭祀、祟り払いの祈願など、特別な儀式的要素が強いものです。しかし、付祭りとよばれる、祭祀とは別に行われる見せる要素の強い催し物や、観客までが参加する行事は、祭りの精神性にプラスして、祭りの躍動感、非日常感を感じる場として、祝祭空間を創造してきました。

　イベントとしての祭りは、神社仏閣の境内は当然ながら、公共の広場や道路、街頭を使うことが多くあり、主催者だけではなく、行政、関係官庁、消防関係、警察関係、地域住民までが、運営に協力していく地域全体のイベントといえます。

伝統的な日本の祭り

青森「ねぶた祭り」
　市内のメイン道路を、装飾を凝らした巨大な「ねぶた」が練り歩く。300万人以上の観客が動員される。

大阪「天神祭」
　水都大阪ならではのもので、神様の渡御にあわせて、多くの祭り船が大川で行き交う。

徳島「阿波踊り」
　盆踊りの一種で、踊り手の集団「連」をつくり踊り歩くというもの。徳島以外でも、東京など各地でも盛んに「連」がつくられている。

京都「祇園祭」
　1000年以上続く祭りで、無病息災を願う御霊会として始められたもの。近年、後祭りも復活し、1カ月にわたる長期のお祭りとなっている。

これらの伝統的な祭りとは別に、いろいろな目的の新たな祭りが多く開催されています。最初から、観光集客目的、コンテスト形式など、祭りと名前がついていても、実際はエンターテインメント要素の強いものも多くあります。

　例えば、「さっぽろ雪まつり」は、毎年2月に札幌で開催される雪の祭典です。大小様々な雪像(せつぞう)がつくられ、併設イベントも多く開催されており、多くの観光客が訪れる冬の風物詩として、北海道を代表するイベントとして定着しています。

　また、同じく札幌で開催される「YOSAKOIソーラン祭り」は、一大ダンスコンテスト型イベントです。もともとは大学生の発案で生まれたイベントですが、二十数年にわたって続けられ、全国で予選や疑似イベントが開催され、参加型イベントとして、全国的に注目を浴びています。踊りの参加者だけでも2～4万人、観客は200万人を超えるという大イベントに成長しました。

　祭りと併設で人気を得ているのが「**花火大会**」です。花火という特性から、多くの観客が直接観賞できる最大のイベントといっても過言ではありません。ただ、天候の影響を大きく受けること、メディア展開しにくいことなどの要素もあります。

　元々は祭りや宗教行事として開催された「花火大会」であっても、現在では単独で人気を得ているものも多くあります。「隅田川花火大会」「熊野大花火大会」「大曲(おおまがり)の花火（全国花火競技大会）」などが代表的なものです。なかでも秋田県の大仙市で行われる「大曲の花火」は花火職人の技術を競うもので、芸術性が高く、80万人以上の観客が会場に集まります。大仙市大曲地区の住民が4万人弱であるということを考えれば、地域社会に、知名度アップ、経済効果などのイベントの効果がどれほどあるのか推し量られます。

2．現代のイベント

（1）メディアとイベント

　高度成長時代、日本ではマスメディアが発達し、ラジオ、テレビ、新聞などの各メディアが情報発信者として、大きな力をもつようになりました。

　1980年代になると、テレビ局などのマスメディアは、多くのイベントを番組制作と複合させて主催してきました。日本テレビ系「アメリカ横断ウルトラクイズ」「全国高等学校クイズ選手権」は、空前のスケールで何万人もの視聴者を会場に集めクイズを行うというもので、参加型イベントとして、イベントの特性を生かし空前のブームとなりました。また、同じ日本テレビ系「鳥人間コンテスト」は、手づくりの飛行機でどこまで飛べるかを競うコンテストで、琵琶湖全体を使ったスケールの大きさと、スリリングさで人気を博しています。他にもフジテレビ系「お台場冒険王」は、多彩な催し物を組み合わせてテレビ局一帯を遊園地のように仕立てるという、フェスティバル化したイベントで、夏休みの家族連れで大いに賑わいました。

　このように、大規模イベントを開催し、その内容を番組として放送するという形は、スポンサーもつきやすく、多くのイベントが実施されてきました。しかし、現在はメディアの多様化や個人化の影響で、かつてほどの勢いは見られなくなっています。

（2）スポーツイベント

　1964年の東京オリンピックは、国民を熱狂させ、その後の日本人のスポーツ競技観戦志向に影響を与えました。その後も1972年札幌冬季オリンピック、1998年長野冬季オリンピック・パラリンピック、2002年FIFAワールドカップ、1991年・2007年世界陸上競技選手権大会と国際大会を誘致し、成功を収めました。

　国内では「国民体育大会」が継続して行われ、スポーツイベントが国民に深く根ざしていくこととなりました。その流れのなかで、2020年に東京オリンピック・パラリンピックの開催が決定し、国民から大きな期待を集めています。

　一方、近年はスポーツイベントも様変わりしてきており、**従来の観戦**

型のイベントが参加型に移行する傾向が見られます。

「東京マラソン」は、最近の健康ブーム、マラソンブームを背景に、市民参加型大規模シティマラソンとして、マラソン参加そのものが抽選となるなど、大人気となっています。その後「大阪マラソン」「神戸マラソン」「京都マラソン」などが次々と開催されています。

マラソンのような、大人数が参加する大型スポーツイベントには、多数の**ボランティアスタッフ**の協力が不可欠で、今後は、ボランティアスタッフの育成や教育などが課題となっています。

（3）Webメディアとデジタル技術

現代では、Webメディアやデジタル技術の発達とともに、イベントの制作手法や、表現方法、集客方法にも変化が見られています。

Webメディアである「ニコニコ動画」が、インターネットから飛び出し、2012年に「ニコニコ超会議」をイベントとして開催しました。第1回から10万人近くの動員を記録し、Webメディアの情報発信力を再確認することとなりました。

2010年から毎年行われている「ゆるキャラグランプリ」は、人気投票でご当地キャラクターのグランプリを決めるイベントです。2014年にはWeb上で2200万票以上を集める人気を博しました。2014年からは実際のイベント会場での決選投票も行われるようになり、イベントとしてますます充実しています。

人々が同じ場所に集い、同じ空間を共有するというイベントの特性は、ある意味アナログ的ですが、デジタル技術の発達は、イベント表現にも多くの変革をもたらしました。なかでもデジタルの技術とLEDの革新的な進歩によって、各地で多彩なイルミネーションが見られることとなりました。また、既存の建物などに映像を映す「プロジェクションマッピング」も大人気となっています。

このように現代は、メディアの変革によって、新しい形のイベントが次々と生まれてきており、またデジタル技術の急速な革新によって、イベントの演出方法、表現方法、集客方法も次々と新しく開発されています。スマートフォンなどの情報端末の発達で、個人の生活が様変わりしていく現代社会において、イベントも今後大きく変わっていくことが予想されます。

◀ Web
インターネットで標準的に用いられている、文字や画像を利用するための仕組み。WWW (World Wide Web) の略称。情報が一方向的に発信されるマスメディアに対して、Webなどを活用して情報が網の目状にやりとりされる仕組みを「ネットワークメディア」とよぶことがある。

◀ プロジェクションマッピング
映像やCGなどを、建築物や凹凸のある面に映し出す技術。またそれを音楽などとともに使ったパフォーマンス。3Dマッピング。

第3節 メディアとしてのイベント

3-1 コミュニケーション・メディアとしてのイベント

1. イベントとコミュニケーション・メディア

イベントの概念的な定義【イベントは、何らかの目的を達成するための手段として行う行事・催事のことである】を考えてみると、イベントは「手法として、相手に何かを伝えていくもの」です。

つまり、イベントそのものは、発信者と受信者をつなぐ「**媒体＝メディア**」という**機能をもっている**といえるでしょう。

ここではイベントをメディアとして捉え「コミュニケーションとイベント」「メディアとしてのイベント」について解説していきます。

▶メディア
「媒体」「手段」と訳されるが、情報の記録、伝達の装置を意味する場合、マスコミそのものを意味する場合など、実際にはもっと広い意味がある。イベントやコミュニケーションに関するメディアという場合は、「媒体」として理解するのが適切であろう。

2. コミュニケーション・メディアの特性

現代社会において、コミュニケーション・メディアは、情報の送り手と受け手をつなぐ媒体として、人々の社会生活になくてはならないものです。

そもそもコミュニケーション・メディアは「**人と人**」「**人とコト**」「**人とモノ**」をつなぐ媒体として、情報の送り手と情報の受け手にその「**情報の意味**」を理解させて「**情報の共有**」をさせるというものです。

（1）マスメディアのあり方の変化

コミュニケーション・メディアとして一世を風靡してきた、テレビ、ラジオ、新聞などのマスメディアは、送り手側から受け手側に対して、

一方向的に大量の情報を発信するという特性をもっています。しかし、人々の社会生活様式が、急速に複雑な変化を見せている現代社会では、マスメディア情報だけでは社会的ニーズに対応しきれなくなっているといえるでしょう。

スマートフォンなどの情報端末機の発達によって、Webメディアはマスメディアをしのぐ勢いで発展しており、現代社会のメディアとして、なくてはならないものになっています。

このように、現代社会においてメディアはなくてはならないものですが、その時代時代において、新しいメディアが生まれたり、既存メディアが陳腐化したりします。「メディアは絶対的なもの」「メディアは正しい」という「メディア神話」は、もはやなくなったと考えるべきでしょう。

そんなメディアの流動性の時代においては、メディアの受け手側の人々が、それぞれのメディアの特性とリスクをよく理解し、メディアを選んだり、組み合わせたりするなど、「**メディアを使いこなす**」という考え方をもつことが必要になってきます。

TOPICS　コミュニケーションの意味

コミュニケーションの定義は、「人と人の間で、発信する人が、知覚、思考、感情を情報として記号化し、相手に発信、伝達し、受信した人のフィードバックを得ることにより、その意味を共有すること」です。

簡潔にいうと「情報を記号化し、その発信と受信による意味の共有」といえるでしょう。ここで大切なのは、情報を伝達しただけではコミュニケーションとはいえず、その伝達された情報の意味を理解して共有して、コミュニケーションが成立したと考えられる点です。

古代より、人間はコミュニケーションの手段として、自身の体を表現媒体として使っていました。そして、文字を発明した後は、情報を客体化して伝えるということを可能にしました。その後、伝達媒体、伝達手段として、音、映像、印刷、通信などの手段を次々開発拡張することによって、人間自身を拡張してきたと考えられます。このように、メディアはコミュニケーションの発展に大きく関わってきました。

（2）イベントに活用するマスメディア

　マスメディアは「**受動的**」「**遠心的**」「**拡散的**」な特性をもったメディアですが、メディアとしてのイベントは、場所の共有、交流があるなど「**能動的**」「**求心的**」「**収束的**」な特性があるといえます。また、マスメディアは「**一方向的メディア**」であるといえますが、それに対してイベントは「**双方向的メディア**」といえます。
　イベントの成功を考えると、どちらかを否定するのではなく、それぞれの特性を組み合わせて、イベントに反映するなど工夫することによって、より効果があると考えられます。

　例えば、募集、広報などの拡散的作業をマスメディアが担当し、場所と時間の共有、直接的会話、情報の体感などをイベント現場で行い、その効果、記録、ニュースリリースをマスメディアが行うなどの組合せが考えられるでしょう。

（3）Webメディアとイベント

　スマートフォンなどの情報端末機の急速な発達によって、Webメディアは、今までメディアの代表であったテレビメディアをしのぐ勢いで発展しています。
　ニュースや天気予報、災害情報なども、今ではWebメディアのほうが詳細性、速報性があるといえるでしょう。
　Webメディアは、「**デジタル的**」「**個人的**」「**バーチャル**」などの特性があると考えられます。それに対してメディアとしてのイベントは「**アナログ的**」「**集団的**」「**リアル**」といった特性があると考えられます。
　前述のようにマスメディアとイベントの組合せによって効果が上がるケースがあるように、今後はWebメディアとイベントを組み合わせることによって、双方の特性が機能し、複合型メディアとしてより発展していくことなどが考えられます。

3．イベントのコミュケーション・メディアとしての特性と機能

（1）直接的コミュニケーション・メディア

　現代社会においては、大量の情報が送り手側から受け手に対して発信されています。そこには、何らかの機械的、電子的なシステムが介在しています。つまり、一度何らかの情報の加工が行われて伝えられるということになります。

　これに対し、メディアとしてのイベントは、情報の発信者と受信者が空間と時間を共有することにより、相互の間に何も介在させないことが可能であり、**直接の情報伝達、情報の交換が可能**であるといえます。

　このイベントの「直接的コミュニケーション・メディア」としての機能特性は、他のメディアにはない重要なものです。

（2）双方向コミュニケーション・メディア

　イベントの「直接的コミュニケーション・メディア」の機能特性は、直接の情報交換を可能とし、必然的に「双方向コミュニケーション・メディア」という機能特性を生じさせます。

　コミュニケーションという言葉自体が、「双方向」という意味をもっているため、この表現は矛盾を含んでいますが、他のメディアはその「双方向」性が、送り手、受け手のどちらかに偏っています。イベントはきわだって「双方向」性を有しているメディアといえます。

（3）複合型コミュニケーション・メディア

　メディアとしてのイベントは、他のメディアとの組合せが可能です。また、イベントそのものが、身体的表現メディアや機械的・電気的・電子的なシステムメディアなどの複数メディアを内在していることも多く、その表現方法も展示や演技、会議など複数の表現方法があるということを考え合わせると、メディアとしてのイベントは「複合型コミュニケーション・メディア」の機能特性をもっていると考えられます。

3-2 イベントのメディアとしての社会的役割

　イベントのコミュニケーション・メディアとしての機能特性について解説しましたが、あわせて、イベントのメディアとしての社会的役割について考えていきましょう。
　イベントはその特徴的な機能特性を有していますので、その特性を生かした社会的役割も、イベントならではの役割といえるでしょう。

1．イベントの社会実験機能

　社会実験とは新しい社会的制度や技術の導入に際し、実験的に新制度や新技術を試行し、その社会的影響や効果を確認することです。
　場所と時間を限定し、来場者との直接的コミュニケーション機能をもっているイベントは、社会的実験機能装置として、ふさわしい装置といえます。
　博覧会や展示会、見本市などでは、来場者に新技術の体感や体験をしてもらい、意見や感想などを技術に生かしたり、市場導入の方法に反映したりしています。例えば、モーターショウなどでは、新型の車を発表し、機能、色、スタイル、値段などをモニタリングし、他社の動向なども直接情報として入手し、販売戦略に反映することが可能です。

▶モニタリング
監視や観測、調査を行うこと。

2．イベントの教育機能

　イベントは多数の人々が対象であるという特性と、双方向・直接的コミュニケーションという機能特性を有しています。このことは、イベントが社会的な教育・啓発の機能を発揮することを意味しています。社会生活のなかでも、家庭や学校で開催される運動会、文化祭、祭り、クリスマスパーティーなどのイベントを通して、教育的効果を発揮しています。
　例えば、会議・集会イベントでは、講演会、パネルディスカッション、

セミナーなどの形式をとり、来場者が新しい知識や情報を得ることのできる教育の機会として大きな効果を発揮しています。

3．イベントのシミュレーション機能

　イベントは、非日常を設定することによって特殊な環境をつくることができます。日常生活ではなかなか接することのない人と接したり、非日常のコト、モノを体験したり、疑似体験することによって、いざ非常時の場面において、役立つことが多くあります。これは、**「体験できる」**というイベントならではの特性だといえるでしょう。

　例えば、地震や火災の避難訓練体験、消防フェスティバル、AEDの疑似体験セミナーなど、平常時に体験しておくことによって、非常時に冷静に対応することが可能です。

　また、イベントでユニバーサルサービスを実際に体験したり、シミュレーションすることによって、自分と違う人たちの立場や考え方を、イベントを通しておもんぱかることが可能です。これらのことは、来場者だけではなく、主催者、制作者、参加者など、イベントに関わるすべての人に有効に機能します。

◀ AED
電気ショックにより、心停止状態の心臓を正常に戻す機能をもった機器。心臓の状態を自動解析し、必要な場合のみ電気ショックを与えるなど、動作が自動化されており、2004年から一般市民でも使えるようになっている。Automated External Defibrillator の略。自動体外式除細動器。

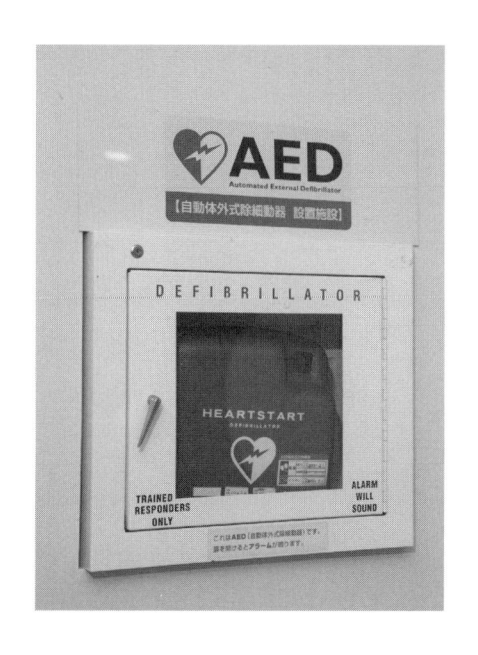

3-3 地域イベントの
コミュニケーション効果

1．地域イベントの目的

　日本では、大企業の立地や雇用情勢などを背景に、人口が都市部に集中する状態が続いています。そのために、地方では過疎化や高齢化が進み、「限界集落」が大きな問題となっています。

　現在、これらの事態を打開すべく、国の政策として「ふるさと再生」や「地域振興」「地域創生」などの地域活性化計画が実施されています。なかでも、地域活性化を目的とした「地域イベント」は、効果的な手法として注目を集めています。

　「地域イベント」は祭り・フェスティバル系イベント、文化芸能系イベント、スポーツ系イベントなどの形態に分けることができます。それぞれのイベントの特性に応じて**環境型、福祉型、交流型**などにも分けられ、その規模、種類も様々な形で展開しています。

　地域活性化をテーマにした「地域イベント」の主な開催目的は、以下のとおりです。

▶限界集落
過疎などによって人口の50％以上が65歳以上になり、冠婚葬祭などの共同体の機能を維持することが難しくなった集落。

地域イベントの主な開催目的

・地域産業・地場産業の振興と広報・PR
・地域ブランドのイメージアップ・知名度の向上
・地域間交流の促進と地域ファンの獲得
・住民の郷土意識の醸成、地域コミュニティ意識の醸成・参画意識の向上
・地域を担う人材の発掘と育成
・地域への集客力の向上と観光の振興
・地域生活文化の発展と住民健康の増進

　地域イベントの目的は幅広く、複数の目的が同時設定される場合もあります。このように地域イベントは、多様性と重層性が特性として考え

られるため、実施する場合は目的に優先順位をつけるなど、合理的な考え方が必要です。

2．地域イベントのコミュニケーション・メディアとしての効果

　地域イベントは、他のイベントと同様、目的を達成する手段として実施されるものです。また、企画・計画段階、制作推進段階、実施段階、それぞれの段階で、行政や関係機関、住民が協力、協働(きょうどう)することで、コミュニケーション活動が活発になり、相互の理解が深まるという効果が期待できます。つまり地域イベントは、何をどうつくっていくのかということはもちろん、何を、どのような人たちが、どのようなやり方でつくっていくのかという「プロセス」が重要となるのです。
　このような「**プロセス効果**」によって、コミュニケーション活動の活性化が図られ、地域全体の活性化に「はずみ」や「きっかけ」を与えることとなります。

　コミュニケーション・メディアとしての地域イベントは、限られた範囲である「地域」という特性と、直接・双方向メディアであるというイベントの特性が合致し、行政と住民、地域と観光客などの相互理解に大きな効果が期待されます。

地域イベントによってもたらされる効果

① **地域インセンティブ効果**
　　地域郷土意識や地域コミュニティの醸成や地域生活文化の発展、人材の発掘、育成など
② **地域経済効果**
　　地域ブランドのPR、観光客の増加、地場産業の売上増大、地域資本の再発掘など
③ **地域コミュニティの活性化**
　　住民や行政の横断的なコミュニケーションの活発化、地域安全のための防犯・防災力の向上、地域問題、課題の抽出など

　このように「地域イベント」は、これからの地域活性化、地域経営にとって、欠かせない要素であると考えられます。

第 1 章　イベントの概念と全体像

第2章

イベントの企画と計画

第4節　イベントの企画
第5節　イベントの計画
第6節　イベント企画書とプレゼンテーション

第4節 イベントの企画

4-1 イベントの企画と計画

1．企画と計画の違いを理解しておこう

　イベントの企画・計画づくりにおいては、企画と計画を明確に分けて考える必要があります。なぜなら、イベントは複数の人々が様々な役割を受けもち、協力し合って、いくつかの段階を経て完成させるものだからです。それぞれの作業の目的と内容を明確にして、効果的で効率的な企画・計画づくりを行う必要があります。

（1）企画の意味と本質

　イベントにおける「企画」の意味は、簡潔にいえば、以下のようになります。

> 企画とは、新たにモノやコトを考え出し、その仕組みを示すこと
> 　　　　　　　　　　　　　　　　　　　　　　　（「企画」の意味）

　では、企画の本質とは何でしょうか？　それは、以下の3点にまとめることができます。

> 企画の本質
> ① 企画には「新しさ」や「他とは違う何か」、すなわち「アイディア」が必要
> ② 企画とアイディアの違い
> ③ 実現性と有効性を論理的に示す

① 企画には「新しさ」や「他とは違う何か」、すなわち「アイディア」が必要

　企画には何らかの**「新しさ」**や**「他とは違う何か」**が必要です。つまり、**「アイディア」**とか**「着想・発想」**といわれるものです。
　イベントの場合、「イベントを開催しよう」ということ自体が企画であるといえますが、そのイベント企画に斬新なアイディアを付け加えることによって、より効果的で、魅力あるイベントが可能になります。イベントの企画にとってアイディアはとても重要です。

② 企画とアイディアの違い

　アイディアさえ盛り込まれていれば、よい企画かというと、そうではありません。企画には、アイディアを実現する仕組みを示す必要があります。イベントのアイディアの場合には、イベントの８つの構成要素である６Ｗ２Ｈに無理なく展開できることを示す必要があります。

③ 実現性と有効性を論理的に示す

　実現できないアイディアや企画は、単なる「夢ものがたり」です。たとえ実現しても効果のない、役に立たないものになってしまうでしょう。企画づくりで大切なのは、それが実現でき、効果があるということを論理的に示すことです。

図表２－１　企画に必要な要素

アイディア……新しさや他との違いがある着想・発想
▼
論理性…………論理的な仕組みがある
▼
実現性…………実現できる
▼
有効性…………役に立つ

（2）計画の意味と本質

「計画」の意味は、簡潔にいえば、以下のようになります。

> 計画とは、企画を実現するための具体的な手段や方法を、順を追って示すこと
>
> （「計画」の意味）

企画が「新たにモノやコトを考え出し、その仕組みを示すこと」であるのに対し、計画は「企画実現のための手段や方法を、順を追って示すこと」であり、作業内容に大きな違いがあります。計画の本質は、以下の２点といえます。

計画の本質

① 「手段や方法」を示す
② 「順を追って」示す

---

① 「手段や方法」を示す

「手段や方法」を示すとは、具体的には、「何を、誰が、いつまでに、どのような作業内容でやるのか」を示すということです。イベントのように様々な作業の組合せで「創り出す」場合には、計画を立てておかないと業務がスムーズに進まないことはいうまでもありません。

② 「順を追って」示す

一般に、モノやコトを実現するためには、いくつかの作業の積み重ねが必要であり、個々の作業をどのような順番で行うのかを決めておく必要があります。イベントの場合、作業の順番を間違えると余計な経費がかかったり、業務の遅れを招いたりと、混乱をきたすことになります。

2. イベントづくりの段階と企画・計画づくり

（1）イベントづくりの主要な段階

　本格的なイベントづくり、言い換えれば、仕事・業務としてイベントづくりを行う場合には、異なる様々な業務を段階を追って積み重ねるようにしてイベントを完成させます。
　一般に、イベントづくりの主要な段階は、以下の5つに分けられます。

企画立案　➡　計画策定　➡　制作・施工　➡　会場運営　➡　結果の検証

　前半の企画づくりと計画づくりは、主に書類をつくる段階で、文章と図面、デザイン画、図表などによる企画書や計画書の形でまとめられます。この段階は、後に続く制作・施工（せこう）と会場運営の実施内容を決め、イベントが成功するかどうかを決定づける重要な段階です。

（2）大規模イベントの企画と計画づくりの3段階

　万国博覧会やオリンピック・パラリンピックなどの国際的な大規模イベント、また国内イベントでも規模の大きなものには、長い年月と多大な費用がかかるので、慎重に企画・計画づくりを行う必要があります。大規模イベントの企画・計画づくりは、以下の3段階に分けて進めます。

基本構想　➡　基本計画　➡　実施計画

　基本構想段階は、イベントの開催趣旨・目的、開催理念・コンセプト、開催テーマなどを中心に、会場、プログラム内容、来場者対象、開催時期・期間、準備スケジュール、開催予算など、イベント全体の概要を企画立案する、いわばイベントの骨格づくりの段階です。

　基本計画段階は、基本構想案の実現のための手段や方法を具体的・現実的に示す段階ですが、加えて、基本計画づくりで発見された課題や問

第2章　イベントの企画と計画

題点の解決策を示す必要もあります。会場制作図面と資材や材料の仕様書、プログラムの進行・演出方針と出演者やスタッフの構成、会場運営方法などを具体的に示します。

　実施計画段階は、イベントの制作担当者のための詳細な会場制作図面や上演プログラムのシナリオ、出演者の衣装デザインやスタッフのユニフォーム・デザインなど、多岐にわたる制作・施工の作業指示書類をつくる段階です。実施マニュアルなども、この段階で制作します。

（3）定例イベントや小規模イベントの企画と計画づくりの2段階

　毎年行われる定例イベントや小規模イベントの場合の企画・計画づくりは、以下の2段階に分けて行うのが一般的です。2段階で行うのは、定例イベントや小規模イベントは準備期間やスタッフ数、予算などが限られており、効率的に企画・計画づくりを進めるためだといえます。

企画立案　➡　実施計画

　企画立案段階は、大規模イベントの場合の基本構想と基本計画を合わせた**イベント企画書**をつくる段階といえます。イベント開催の目的・理念・コンセプトと開催規模・内容、実施体制などを、6W2Hをもとに企画・計画し、関係者全員で確認します。

　実施計画段階は、大規模イベントの場合と同様に、会場設営・制作、プログラム制作、運営制作のための具体的な制作図面、デザイン制作、進行台本、運営マニュアルなどをつくる段階です。

図表2－2　イベントづくりの段階と企画・計画

イベントづくり全体の段階	
第1段階 企画立案	企画・計画段階
第2段階 計画策定	
第3段階 制作・施工	制作・施工・運営段階
第4段階 会場運営	
第5段階 結果の検証	

大規模イベントの企画・計画の段階
第1段階 **基本構想** イベント全体の骨格の企画立案
第2段階 **基本計画** 基本構想実現のための手段・方法の策定
第3段階 **実施計画** イベント制作・運営のための詳細な図面や指示書の策定

定例・小規模イベントの企画・計画の段階
第1段階 **企画立案** イベント全体の骨格と実施内容の企画立案 イベント実施のための手段・方法の策定
第2段階 **実施計画** イベント制作・運営のための詳細な図面や指示書の策定

TOPICS　企画と計画はクルマの両輪

　イベントにおける「企画づくり」と「計画づくり」は違うものですが、それぞれは常に一体となって機能するといえます。つまり、「企画」は「計画」があってはじめて実現できるのであり、「計画」のない「企画」はいつまでたっても実現することはできません。たとえ実現できても、不完全なものであったり、時間や費用がかかりすぎたり、効果の薄いものになってしまうでしょう。

　一方、「企画」のない「計画」は、「新しさ」や「他とは違う何か」はなく、人の心を動かすようなものは感じられないでしょう。「企画」と「計画」は相互に機能し合い、まるでクルマの両輪のように補完し合っているのです。

4-2 イベント企画の立案手法

1．イベント企画の構成要素

（1）イベント企画の8つの構成要素6W2H

第1章で述べたように、イベントは6W2H、すなわち
- 誰が＝主催者・主催組織
- 誰に＝来場者・観客対象
- いつ＝開催時期・時間
- どのように＝実施方法・演出内容
- なぜ＝開催趣旨・目的
- 何を＝プログラム内容
- どこで＝開催場所・会場
- いくらで＝開催費用・予算

の8つの構成要素によってできています。

イベント企画とは、これら8つの構成要素の内容を具体的に示したものといえます。何か1つでも欠けていれば、それはイベント企画とはいえなくなってしまいます。

（2）構成要素に「新しさ」「他との違い」を盛り込む

企画には、「新しさ」や「他との違い」が必要ですが、イベント企画の場合、8つの構成要素すべてにそれらを盛り込む必要はありません。8つの構成要素のうち、いくつかに「新しさ」「他との違い」、すなわちアイディアがあり、それが他の構成要素に矛盾なく展開されていれば、企画になるといえます。

また、「新しさ」や「他とは違う何か」は、時代によって変わるものだということを理解しておきましょう。例えば、江戸時代に行われていた行事や催事で、今はまったく忘れ去られたものを発掘し、プログラムとして再現するのも「新しさ」の1つといえます。この意味で、時代ごとの生活様式や歴史の流れに関心をもつことは大切です。特に、現代は流行やトレンドなど人々の関心事の変化が激しい時代です。企画立案にあたっては、社会の動向に注目しそれに的確に対応することが重要です。

2．イベント企画の核となる　　コア・アイディア

　イベント企画の場合、企画を企画らしくする最も重要な要素、すなわち**企画の核**となるアイディアを「**コア・アイディア**」といいます。イベント企画とは、このコア・アイディアをわかりやすく論理的に展開し、実現するための仕組みを示したものといえます。コア・アイディアを中心に、プログラム内容や会場デザイン、演出方法など、イベントの目に見える部分が構成されます。コア・アイディアの良し悪しがイベントの良し悪しに大きく影響してくるのです。

図表2－3　イベント企画の構成要素とコア・アイディア

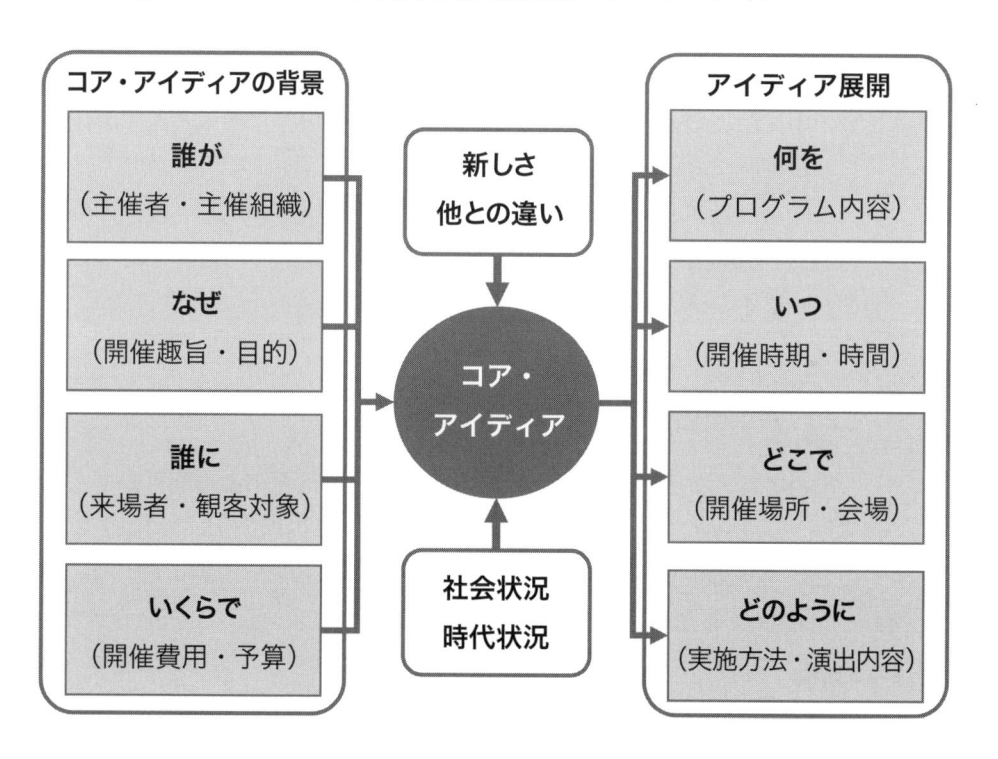

コア・アイディアの背景		アイディア展開
誰が（主催者・主催組織）	新しさ 他との違い	何を（プログラム内容）
なぜ（開催趣旨・目的）	→ コア・アイディア ←	いつ（開催時期・時間）
誰に（来場者・観客対象）	社会状況 時代状況	どこで（開催場所・会場）
いくらで（開催費用・予算）		どのように（実施方法・演出内容）

3. アイディアの本質と原理

アイディアを生み出すのは難しいことだと思われがちですが、アイディアの本質や原理を理解すれば、誰でもアイディアを生み出せるといえます。

（1）アイディアとは何か……既にある知識の新しい組合せ

そもそもアイディアとは何か、その本質や発想の原理を考えてみましょう。アイディアの本質について述べたもので代表的なものに、「**アイディアとは既存の要素の新しい組合せ以外の何ものでもない**」という言葉があります[※]。つまり、自分が知っている既存の要素を様々に組み合わせたり、組み替えればアイディアは生まれるというのです。アイディアの本質がこのようなものであれば、誰でもよいアイディアを生み出すことが可能だといえます。

このようなアイディアの本質や原理で重要になるのが、「既存の要素（知識）を数多くもっていること」と「要素と要素の関連性を見つけること」です。

※ ジェームス・W・ヤング 今井茂雄訳『アイディアのつくり方』／阪急コミュニケーションズ／1988

（2）アイディア発想の5つの段階

それでは、アイディア発想の基本的な方法とはどのようなものでしょうか。ジェームス・W・ヤングは、アイディアは次の5つの段階を踏むことによって生まれるといっています。

アイディア発想の5段階

① 資料を集める段階
② 資料の分析・加工の段階
③ 無意識のなかで熟成させる段階
④ ひらめき（アイディアの誕生）の段階
⑤ アイディアを具体化し、使えるように仕上げる段階

---

① 資料を集める段階
　アイディア発想の目的と方向性をはっきりとさせたうえで、関連する資料を集めます。資料集めはネットで検索するのが簡単ですが、書店や図書館で調べたり、人の意見を聞いたり、現地取材を行ったりして、多角的に資料収集することが重要です。

② 資料の分析・加工の段階
　集めた個々の資料は、それだけでは役に立たないといえます。アイディアを必要とする課題に向けて、個々の資料の意味をまとめたり、グラフで表現したり、図解したりして、資料を分析・加工します。また、資料と資料の関係（原因と結果の関係、優先順位の関係など）を考えてみます。

③ 無意識のなかで熟成させる段階
　第1段階と第2段階の意識的な作業を行ったのち、一旦休み、気分転換などをします。アイディア発想のことは考えず、無意識のうちにアイディアが熟成するのを待ちます。脳は、アイディア発想とは無関係のことをしていても、それまで考えていたことを無意識のうちに考え続けているといわれています。

④ ひらめき（アイディアの誕生）の段階
　第3段階を過ぎると、関係のないときに、突然アイディアがひらめくことがあります。アルキメデスが風呂に入っているときに「浮力（比重）」を、ニュートンがリンゴが木から落ちるのを見て「万有引力」を発見した逸話は有名です。

⑤ アイディアを具体化し、使えるように仕上げる段階
　ひらめいたアイディアを使えるように、アイディアの内容を6W2Hの構成要素に沿って具体的に構成していきます。

4．効果的・効率的なアイディア発想法

「アイディア発想法」といわれるものは多数ありますが、ここでは「個人で発想する方法」と「集団で発想する方法」に分けて、それぞれの代表的な発想法を紹介します。いずれも、アレックス・F・オズボーンが編み出した手法です。

▶アレックス・F・オズボーン
アメリカの広告会社の経営者兼制作者。1888〜1966年。

（1）「オズボーンのチェックリスト」の活用

「オズボーンのチェックリスト」は、「個人で発想する方法」の代表的なものです。チェックリストにしたがって様々な思考を繰り返すことによって、アイディアを生み出す方法です。

以下のチェックリストは、広告表現や新製品開発のアイディア発想のためのものですが、イベント企画のアイディア発想にも十分に役立つものです。

オズボーンのチェックリストの9項目

① **転用**……新しい使い道はないか？　他の分野での使い道はないか？
② **応用**……他に似たものはないか？　何かの真似はできないか？
③ **変更**……意味、色、働き、音、匂い、様式、型を変えられないか？
④ **拡大**……より大きく、強く、高く、長く、厚くできないか？　時間や頻度を増やしたら？
⑤ **縮小**……より小さく、軽く、弱く、短くできないか？　省略や分割できないか？
⑥ **代用**……人を、物を、材料を、素材を、製法を、動力を、場所を代用できないか？
⑦ **再利用**…要素を、型を、配置を、順序を、因果を、ペースを変えたりできないか？
⑧ **逆転**……反転、前後転、左右転、上下転、順番転、役割など転換してみたらどうか？
⑨ **結合**……合体したら？　ブレンドしてみたら？　組み合わせたら？

（2）「ブレーンストーミング」の実施

ブレーンストーミングは集団的思考方法の代表的なものです。アイディア会議に出席した全員が、「脳（ブレーン）を嵐のように荒々しく（ストーミング）使ってアイディアを出し合う」といった意味でしょうか、自由に意見（アイディア）を出し合って、それらを組み合わせたり組み替えて、発展的に1つのアイディアにまとめ上げる方法です。

ブレーンストーミングの参加者は、より効果的なアイディア発想の場にするために、4原則を守ることと、3つの実施ポイントを実行する必要があります。

ブレーンストーミングの4原則

① **批判禁止**………他人のアイディアを批判したり、否定してはいけない。
② **自由奔放に**……思いつきでもよい。自由に、気軽にアイディアを出す。
③ **数多く出す**……次々にアイディアを出す。1つのアイディアに固執しない。
④ **便乗・アイディア拝借も可**……他人のアイディアを利用し、さらに発展させる。

ブレーンストーミングの3つの実施ポイント

① **見えるようにする**
　出たアイディアは、必ず文字（言葉）や絵にして、誰からも見えるようにする。
② **グルーピングとネーミング**
　同じようなアイディアや、関係の深いアイディアはひとまとめにグルーピングし、グループごとにネーミング（タイトル付け）する。
③ **進行役を決めておく**
　進行役はブレーンストーミングの目的説明や問題・課題を提起し、また、活発な発言を促すなど、効果的なアイディア発想の場とする。

大切なことは、その場で出たアイディアは、どのようなものでも書き出し、皆から見えるように貼り出し、ある程度数が出たらグルーピングとネーミングを行い次に展開していくことです。ホワイトボードやマーカー、付せん、白紙、模造紙などを使って、効果的・効率的にブレーンストーミングが進むように準備しておくことも重要です。

4-3　基本構想の構成内容

　先に述べたように、イベントの企画・計画づくりは、定例イベントや小規模イベントの場合は「**企画立案➡実施計画**」の２段階で、大規模イベントの場合には「**基本構想➡基本計画➡実施計画**」の３段階に分けて行います。前者の「企画」も、後者の「基本構想」も基本的な内容は同じで、イベントの８つの構成要素６Ｗ２Ｈの概要（基本事項）を組み立てたものであり、いわば「**イベントの骨格づくり**」を行ったものといえます。

　大規模イベントの基本構想の構成内容は、以下のとおりです。

基本構想の構成内容

① Who　　誰が　　………　主催者の明確化
② Why　　なぜ　　………　開催趣旨・目的の明確化
③ Whom　　誰に　　……　来場者対象の明確化
④ What　　何を　　………　プログラム内容の明確化
⑤ When　　いつ………　開催時期・期間の明確化
⑥ Where　　どこで　…　開催場所・会場の明確化
⑦ How　　どのように　………　実施方法・演出内容の明確化
⑧ How much　いくらで　…　開催費用・予算の明確化

---

① Who　誰が……主催者の明確化

　イベントの開催には大きな責任が伴います。構想段階から責任をもってイベントを開催する主催者（主催者グループ）を明確にしておく必要があります。また、主催者の明確化は、どのようなイベント内容を企画するかという点でも重要です。

② Why　なぜ……開催趣旨・目的の明確化

　イベントの開催趣旨・目的を明確にすることは、コア・アイディアを考え８つの構成要素に展開するうえでも、イベントづくりの協力体制を確立するうえでも、目標どおりの来場者を獲得してイベントを成功させるうえでも極めて重要です。

③ Whom　誰に……来場者対象の明確化

そのイベントの対象は誰なのか、どのような人に来場してほしいのかを明確にします。博覧会のように広く一般市民を来場者対象とする場合でも、特にどのような市民層に来場してほしいのか、若い人たちなのか、ファミリー層なのか、中高年層なのかなどを明確にします。

④ What　何を……プログラム内容の明確化

「誰が、なぜ、誰に」が明確になると、自然に「何を（プログラム内容）」の方向性が見えてきます。コア・アイディアを展開して、魅力あるプログラム内容の概要を立案します。プログラムの基本形式には、演技・競技型、展示・映像型、会議型、式典型、宴会型の5つがあります。

⑤ When　いつ……開催時期・期間の明確化

会期を設定します。開催時期・季節はいつ頃がよいのか、どれくらいの期間で開催すべきか、開催時間は何時から何時までなのか、設定した理由も添えて明確にします。

⑥ Where　どこで……開催場所・会場の明確化

会場はイベントの性格やプログラム内容のイメージを決定づける重要な意味をもっています。野外か屋内かの選定や、他の目的で建てられた施設の活用などが考えられます。開催場所を選んだら、ゾーニング（大枠の会場レイアウト構成）や会場イメージパースによって、どのようなイベント会場になるかを明確にします。

⑦ How　どのように……実施方法・演出内容の明確化

上記の①〜⑥までの内容（構想）をどのように実現し、どのように演出するか、その基本的な実施方法と演出内容の考え方を明確にします。

⑧ How much　いくらで……開催費用・予算の明確化

以上の①〜⑦を実現するためには費用がかかります。構成要素ごとに予算の概算を算出し、全体でいくらぐらいの開催予算が必要かを明確にします。

◀パース
英語の perspective を省略した言葉で、透視画法などの意味をもつ。建築においては、建築物などの立体的な完成予想図をいう。設計図面よりわかりやすく、イメージをもちやすいのが特長といえる。

イベントの計画

5-1　基本計画の考え方

　イベントづくりにおける「計画」とは、イベント企画（大規模イベントでは基本構想）を実現するための「具体的な手段や方法を、順を追って示す」ことであり、大規模イベントでは「基本計画」と「実施計画」に分けて策定します。
　ここでは、大規模イベントの基本計画について説明します。

1．基本計画の役割……基本構想の具体化

　大規模イベントにおける基本計画の役割は、基本構想で立案した「イベントの骨格」に肉づけし、**実現可能な形で具体化**することです。具体化にあたっては、以下のような基本計画の役割を理解しておく必要があります。

基本計画の役割

① イベントの８つの構成要素６Ｗ２Ｈの具体化
② イベントづくりにあたっての問題・課題の解決策の提示
③ イベントの８つの構成要素６Ｗ２Ｈの関係者全員による共有
④ 各種手続き（法的手続きや会場使用手続き）のための説明書類としての役割

第5節　イベントの計画

① イベントの8つの構成要素6W2Hの具体化
　8つの構成要素を、互いに矛盾なく整合性のとれた形で具体的に示します。
例）・開催のための主催者組織の編成、役割分担の明確化
　　・会場のデザイン案（正確なレイアウト図、造作物の平面図と立面図、素材や色・柄の仕様書など）の決定
　　・プログラム内容案の作成
　　・来場者のプロフィール（性別、年齢、居住地域、仕事など）と来場者数目標と来場しやすい日時・曜日などの想定
　　　　　　　　　　　　　　　　　　　　　　　　　　　　　　など

② イベントづくりにあたっての問題・課題の解決策の提示
　基本計画づくりを進めていくと、基本構想段階では気づかなかった問題や課題が発見されます。問題・課題で特に多いのが、想定したイベント開催予算の不足や、制作日数・時間の不足などです。基本計画づくりにあたっては、基本構想の開催趣旨やテーマを守りつつ、これらの問題・課題の解決策（会場レイアウト・デザイン変更や造作物の仕様変更、制作方法や工法の変更）を示すことが重要な仕事となります。

③ イベントの8つの構成要素6W2Hの関係者全員による共有
　大規模イベントは、多数の人々（専門家集団）の協力・協働によってつくられます。関係者が1つのイベントに対してバラバラの考え方をしていては、イベントづくりがスムーズに進行しないのはいうまでもありません。基本計画は、イベントづくりに参加する関係者に、そのイベントの構成要素の具体的な内容を的確に伝え、共有してもらう役割をもっています。

④ 各種手続き（法的手続きや会場使用手続き）のための説明書類としての役割
　イベントの会場をつくり、開催運営するためには、消防署や保健所、警察などから法律に基づく各種の許認可をとる必要があり、基本計画はその手続きのための説明書類としての役割をもっています。また、会場の敷地を公的機関（省庁、市町村）が管理している場合にも、使用許可を得るための説明書類としての役割を果たします。

2．基本計画づくりの5つの視点

イベントは8つの構成要素を矛盾なく整合性ある形で構成し、具体化しなければなりません。大規模イベントにおける基本計画づくりは、極めて専門的な仕事といえます。基本計画づくりには以下の**5つの視点**をもつ必要があります。

基本計画づくりの5つの視点

① 主催者・クライアントの視点

② 制作者の視点

③ 参加者（出演者や出展者）の視点

④ 来場者・観客の視点

⑤ 社会的視点

▶クライアント
依頼人、顧客、カウンセリングを受けにきた人などを意味する言葉。ここでは、イベントの仕事を請け負う人や会社にとって、企画・制作を依頼してくる人や会社・団体を指す。

① 主催者・クライアントの視点
　イベント開催趣旨・目的や開催組織構成、開催予算など、イベントの内容とその制作手段・方法の方向性を決定づける視点です。

② 制作者の視点
　企画会社や施工会社、各種プロダクションなど、多くの人々が協力し合ってイベントはつくられます。イベントづくりの裏方である制作者が、限られた条件のもと、効果的・効率的なイベントづくりを行う重要な視点です。

③ 参加者（出演者や出展者）の視点
　イベントの参加者（出演者や出展者）がより参加しやすいイベントにする、また、より効果的な参加方法を実現するという視点も重要です。この視点は、主催者（クライアント）や来場者・観客のためにも欠かせないものです。

④ 来場者・観客の視点
　そのイベントに対しての理解・評価などは、イベントの成否を決める

重要なポイントです。常に来場者・観客の視点に立って計画を策定する必要があります。来場者・観客はイベントの主役といえます。

⑤ 社会的視点

大規模イベントは、不特定多数の人々を集めて開催されるという点で、極めて社会的な事柄です。常に、そのときの社会的な状況や動向を把握し、それに適切に対応してイベント内容を構成する必要があります。それはまた、広報・PRの観点からも大切なことです。

5-2　基本計画の構成内容

1．基本計画の主たる項目と内容

基本計画作成においては、イベントの8つの構成要素6W2Hごとに、作業項目とその内容を決定していきます。

次ページの表は、基本計画の主たる項目と内容を列記したものです。

図表2－4　大規模イベントにおける基本計画の項目と内容

8つの構成要素	策定項目・内容
1.Who　誰が 主催者とその組織体制の明確化	①主催者の確認（基本構想の再確認） ②主催者組織の策定（誰が何を担当するか、役割分担の明確化） ③共催・協賛・協力・後援等の組織（企業・団体・行政など）とその協力内容の確認 ④ボランティアスタッフの構成内容と募集・教育体制の策定
2.Why　なぜ 開催趣旨・目的の明確化	①開催趣旨・目的の簡潔な文章化・ビジュアル化（シンボルマークやキャラクターの策定） ②開催趣旨・目的のイベント関係者や来場者・社会に対しての告知・伝達方法（広報・PR）の策定
3.Whom　誰に 来場者対象の明確化	①主たる来場者対象層の策定と、その属性（性別・年齢・仕事・収入・関心事など）の明確化 ②主たる来場者対象層の居住地域を主とした広報・PRエリアの策定、および最適な広報・PRメディアと活用時期の策定
4.What　何を プログラム内容の明確化	①イベントの開催テーマ（開催タイトル・名称、テーマ・ワードやキャッチフレーズなど）の表現の策定 ②イベント全体のプログラム構成（何を、いつ、どこで）の策定 ③個々のプログラムの内容（どのような構成内容で、誰が、どれくらいの時間・期間、どのように行うか）の策定
5.When　いつ 開催時期・期間の明確化	①イベント開催スケジュール（期間・時間）の策定 ②イベント開催のための準備・手配・制作のスケジュールの策定 ③個々のプログラムの準備・手配・制作のスケジュールの策定
6.Where　どこで 開催場所・会場の明確化	①イベント開催場所（会場の場所や会場施設）の策定 ②会場レイアウトと会場施設デザイン（デザインパース・平面図・立面図・仕様書）の策定
7.How　どのように 実施方法・演出内容の明確化	①上記の6つの構成要素ごとに、その実施方法や作業方法の策定（問題・課題の解決方法を示す） ②会場デザイン、会場運営、プログラム内容の演出方法の策定
8.How much　いくらで 開催費用・予算の明確化	①イベント開催に関わる費用の算定（企画費・調査費・会場費・会場設営費・プログラム制作費・会場運営費などの費用項目がある） ②イベント開催に必要な費用総額に対して、収入（入場料・協賛金・広告料・物品販売など）を算定

2．基本計画づくりの3つのポイント

基本計画を策定するうえで注意すべきことが3つあります。

基本計画づくりの3つのポイント

① モレなく、ダブリのない作業項目・内容づくり
② 常に予算を考えての作業項目・内容づくり
③ 無理のない制作スケジュールづくり

---

① モレなく、ダブリのない作業項目・内容づくり
　基本計画づくりの段階では、イベントづくりに必要な作業項目とその内容を、**モレなく、ダブリなく**示すことが重要です。モレがあれば、基本構想が目指したイベントを十分には実現できず、ダブリがあれば、費用のムダ遣いであり、開催趣旨・目的や開催テーマも曖昧なものになってしまいます。

② 常に予算を考えての作業項目・内容づくり
　基本構想段階で示されたイベント予算の概算を常に念頭に置き、それを大幅に超えることのない作業項目・内容づくりを行う必要があります。基本計画に続く実施計画段階での大幅な予算変更は困難なので、しっかりとした予算設定を行うことが重要です。

③ 無理のない制作スケジュールづくり
　制作スケジュールに無理があると、イベント全体の質を落としたり、予算の超過を招いたり、さらには事故につながる可能性があります。基本計画における制作スケジュールづくりは、イベントの品質管理と予算管理と安全管理のベースとなることをしっかりと理解しておきましょう。

5-3 実施計画の役割と構成内容

実施計画はイベントの構成内容や規模の違いにかかわらず、必ずつくらなければならないものです。大規模イベントでも定例イベントや小規模イベントでも、企画・計画づくりの最終段階として、また次に続く**制作推進**の具体的な内容を説明・指示するものとして、イベントの実施計画は欠かせないものです。

1．実施計画の役割と策定ポイント

実施計画の書類は多種多様なものが必要となります。イベントは多種多様な専門家集団（専門会社）の協力・協働によってつくられます。そのため、個々の専門家が効果的・効率的な作業を行えるように、作業内容に合った、わかりやすい専門分野別計画書類（作業指示書）が必要なのです。

（1）実施計画の役割

実施計画の主たる役割には、以下の3点が挙げられます。

実施計画の主たる役割

① イベント制作内容の詳しい説明・指示の役割
② 最終的な制作費用を確定し、契約内容の根拠となる役割
③ 現場での変更やトラブルに対応するための資料としての役割

---

① イベント制作内容の詳しい説明・指示の役割
　実際にイベント会場を設営・施工する人や、プログラムに出演する人、音響・照明・映像などの機器を設置し操作する人、会場運営を担当し、来場者の案内・誘導をする人に、何をどのようにつくり、どのように設置するか、どのように会場運営をするかなどを詳しく説明・指示できる

ようにする役割です。多くは、設計図面やシナリオ、マニュアル等の書類を作成し、説明・指示を行います。

② 最終的な制作費用を確定し、契約内容の根拠となる役割
　実際に制作を始める前に、発注者と受注者で、制作内容・品質と制作費用（請求金額）、および納期（いつ完成させ設置するかの日時）を明記した契約書を取り交わします。実施計画書は、その契約内容の根拠となる書類としての役割をもっています。

③ 現場での変更やトラブルに対応するための資料としての役割
　イベント会場では、設営中でも開催中でも、予定外の変更や思わぬトラブルが生じることがあります。そのようなときに、どのように変更するか、トラブルにどのように対処するかを考えるための資料となるのが実施計画書です。

（2）実施計画づくりのポイント

　実施計画書は、会場制作やプログラム制作を担当する専門技術者のためのものなので、多くの専門用語や独自の表現手法が使われているといった特徴があります。
　実施計画づくりのポイントには以下のような点があります。

実施計画づくりのポイント

① 独り歩きできる、解説がいらない詳しい説明・指示書を作成する
② 実施計画づくりは各制作分野の専門家が行う

---

① 独り歩きできる、解説がいらない詳しい説明・指示書を作成する
　数多くの多種多様な専門家たちに実施計画内容をいちいち説明するのは、大変な時間と労力を必要とします。実施計画書は、解説がいらないように、専門家が見れば細部にわたる制作内容まで理解できる書類をつくる必要があります。

第2章　イベントの企画と計画

② 実施計画づくりは各制作分野の専門家が行う

　実施計画づくりは、基本構想と基本計画をしっかりと理解した各制作分野の専門家（実施制作を行うデザイナー、シナリオライター、演出家など）が担当するのが理想といえます。実際、大規模イベントの実施計画は、施工会社のデザイン・設計部門やステージ・プログラム制作や映像制作のプロダクションの専門家によってつくられています。

2．実施計画づくりの項目と必要な書類

　イベントの内容や規模の違いによって、実施計画の策定項目・書類は異なりますが、その基本的な考え方は同じです。イベントづくりとは、計画的に**「どのような空間の構成」**（会場）と**「どのような時間の構成」**（プログラム内容と会場運営）を創り出すかということであり、実施計画づくりとはそのための詳しい説明・指示書類をつくるということです。

　実施計画の主たる策定項目と策定書類には、以下のようなものがあります。

図表2−5　実施計画づくりの項目と必要な書類

	策定項目	策定書類形式
空間の構成	①会場レイアウト・デザイン ②会場コーナー別・デザイン ③展示物・展示施設デザイン ④運営施設デザイン ⑤来場者・運営スタッフ動線 ⑥会場設営施工スケジュール	①会場全体平面図・ゾーン別平面図 ②コーナー別制作施工図面（平面図・立面図） ③展示物別制作・設置図面（平面図・立面図） ④運営施設別制作・設置図面（平面図・立面図、プログラム施設・サービス施設・営業施設など） ⑤動線図（平面図） ⑥会場設営・施工スケジュール表（工程表）
時間の構成	①会場全体運営・進行構成 ②プログラム別内容構成 ③全体・コーナー別運営構成 ④運営スタッフ構成 ⑤運営事務局構成	①全体運営・進行スケジュール表 ②プログラム別シナリオ・進行台本・絵コンテなど（展示・ステージ・映像・各種パフォーマンス別） ③ ④　運営詳細計画 ⑤

3．実施計画と実施マニュアル

　実施計画段階において、会場造作に関しては制作・施工図面として、プログラム制作に関してはシナリオ・進行台本などとして、それ以外の事務局業務や運営業務は運営詳細計画として策定されます。運営詳細計画は、「**実施マニュアル**」として策定されます。

　実施マニュアルは、担当部門別に、イベントの開催趣旨・理念・テーマや会場施設構造およびプログラム内容に基づいて、具体的な業務指針や作業実務の手順や方法を述べたものです。事務局や会場運営スタッフは自分の担当部門についてのマニュアル項目内容にしたがって業務を行いますが、必要に応じて他部門の項目内容を確認する場合もあります。
　実施マニュアルには以下のような策定項目があります。

実施マニュアルの主たる策定項目

① 全体概要マニュアル
　イベント全体の実施概要を、６Ｗ２Ｈの各項目別に簡潔に述べたもので、イベントづくりに携わる全スタッフが理解しておく必要があります。以下に挙げる各マニュアルの冒頭に記載する場合と、単独で制作する場合とがあります。

② 事務局運営マニュアル
　通常の事務局運営業務に関する項目が主たる内容となりますが、開催組織構成と職務分掌、開催関連機関・関係者との連絡・折衝、緊急時対応、情報管理、予算管理などの業務内容についても重点的に記載します。

③ 会場施設管理マニュアル
　会場全体のインフラ施設（電気、上下水道、通信　等）と会場設営構造の解説（位置、構造、仕様　等）、および各コーナー別に施設・機器の保守とメンテナンス方法について記載します。

④ プログラム進行マニュアル
　各プログラムの進行内容と時間割、担当スタッフの配置・業務内容・ローテーションなどを記載します。プログラムには、アンケートや配布物、販売、各種パフォーマンスなどのプロモーション・プログラムも含まれます。

⑤ 来場者案内・誘導・サービスマニュアル

来場者の入退場管理、案内所・情報センター管理、会場内案内・誘導方法などを主たる項目として記載します。

また、各種サービスの内容と利用方法について記載します。

⑥ 来賓（VIP）接遇マニュアル

来賓の種類と接遇対応者、接遇スタッフによる案内・誘導、接遇場所などの内容と方法を記載します。

⑦ 危機管理・緊急時対応マニュアル

事故を起こさない安全管理のための来場者対応方法や施設管理と、緊急時（けが・急病人、火災、地震、台風　等）における対処方法について、詳しく実務的に記載します。

⑧ 会場警備・清掃マニュアル

警備の内容とスタッフの配置・ローテーション、および会場清掃の種類と方法について記載します。

⑨ 広報マニュアル

広報業務の基本方針や広報組織体制を記載し、記者会見や内覧会の実施内容、開催中の取材対応や提供資料の内容について記載します。特に、広報情報の一元管理や事件・事故が発生した場合のマスコミ対応などは、高度な業務知識の記載が必要となります。

第5節　イベントの計画

第6節 イベント企画書とプレゼンテーション

6-1 イベント企画書の考え方

　先に述べたように、定例イベントや小規模イベントの企画・計画づくりは「企画立案➡実施計画」の2段階に分けて行いますが、この場合の企画立案段階とは、具体的には**「イベント企画書づくり」**の段階といえます。

1．イベント企画書の役割

　イベント企画書には、以下の3つの基本的な役割があります。

イベント企画書の基本的な役割

① 主催者やクライアントに対する企画提案書の役割
　イベントの主催者やクライアント（制作依頼者）の賛同を得て、イベントづくりを任せてもらうための企画提案書の役割をもっています。

② 制作協力者への企画内容説明書の役割
　イベントづくりの協力者の賛同を得て、後に続く制作推進を効果的・効率的に進めるための企画内容説明書の役割をもっています。

③ 各種手続き（法的手続きや会場使用手続き）に必要な説明書類の役割
　イベント会場の設営・施工や開催運営のためには各種の法的手続きや会場使用手続きが必要であり、その際のイベント内容の説明書類としての役割があります。

2．イベント企画書に必要な「3つの力」の提示

　信頼性が高く、説得力のある企画書づくりのためには、**「理解力」「提案力」「実行力」**の**「3つの力」**を盛り込む必要があります。

①「理解力」を示す ＝ 安心感の獲得
　主催者やクライアントがイベント開催趣旨・目的をどのように考えているかはもとより、どのようなイベント内容（来場者対象やプログラム内容）を望んでいるかを的確に理解していることを示す必要があります。また、理解力を示すためには、単に主催者やクライアントに関することだけではなく、「基本的方向性」や与件、市場の背景も示す必要があります。企画立案にあたって資料収集・調査分析を、多方面にわたって行うことが重要です。

②「提案力」を示す ＝ 期待感の獲得
　イベントの主催者やクライアントは、常に魅力ある提案を求めています。イベント企画書に必要な提案力とは、言い換えれば企画力であり、企画内容の実現性や有効性を、いかに説得力ある形で示すかということです。

③「実行力」を示す ＝ 信頼感の獲得
　どんな企画案でも、企画の提案者に「実行力」が求められます。提案者にイベントづくりを任せられるかどうかは、主催者やクライアントにとって、企画案採用のための重要な判断材料となるのです。イベント企画書の策定にあたっては、企画案の会場や出演者の仮押さえ（仮予約）、協力スタッフの確保、予算案と制作スケジュール案の策定、制作組織体制の確立など、イベントづくりを任せられると判断してもらうための実行力を示す必要があります。

6-2 イベント企画書の構成

前項で述べた理解力・提案力・実行力の提示は、イベント企画書をつくる側の考え方であり、実際のイベント企画書は主催者やクライアントの立場に立って、わかりやすく、具体的な目次構成にする必要があります。

一般的なイベント企画書の構成（目次構成）は以下のようになります。

イベント企画書の構成

1．「理解力」を示す部分……要点を簡潔にまとめる

① 表紙
　企画書タイトルを目立つようにデザインする必要があります。
② 目次
　ここに「企画にあたって」といったタイトルで、企画立案の考え方を載せる場合もあります。
③ 与件の確認
　企画立案依頼内容やオリエンテーション内容の要点を整理し、確認します。
④ 企画背景要因
　企画立案にあたって検討したや市場動向や、マーケティング課題などについて、要点を簡潔に述べます。
⑤ 企画の基本的方向性
　企画背景要因に基づいて、主たる来場者対象、会場構成、プログラム構成の基本的な方向性を述べます。

2．「提案力」を示す部分……多彩な表現で期待感をもたせる

⑥ イベントのコンセプト＆テーマ案
　コンセプトは、イベントの方向性を関係者で共有するための簡潔な言葉や文章（コンセプト・ワード）で、内部用のものです。テーマは、コンセプトと同様の内容を来場者や社会一般向けにわかりやすく魅力ある表現で述べたもの（テーマ・ワード）で、外部に向けてのものです。

⑦ 会場構成案（会場デザイン案）

会場のレイアウトとデザインを、イメージパースや平面図、立面図によって提示します。コンセプトやテーマが、空間デザインにどのように展開されているか説明できるようにする必要があります。

⑧ プログラム構成案

一目でプログラム内容がわかるタイトルと、シノプシス（シナリオなどのあらすじ）や進行表に、絵コンテやイラスト、写真等を加えて、わかりやすく魅力的に表現します。

3.「実行力」を示す部分……一覧表や組織図できめ細かに表現する

⑨ 会場運営計画案

運営内容と運営スケジュールを載せます。来場者へのホスピタリティーはもとより、運営スタッフにとっても働きやすい計画（ローテーション表 等）が必要です。

⑩ 開催組織計画案

イベント全体の管理組織体制と運営スタッフ組織体制を載せます。

⑪ 制作スケジュール案

イベントの構成内容項目ごとに、基本スケジュールを表形式で示します。

⑫ 予算計画案

あらかじめ示された全体予算額をイベントの構成内容ごとに割り振って予算計画をつくる場合と、構成内容ごとの経費を積算して全体予算を提示する場合とがあります。

図表2-6　イベント企画書の構成

1.「理解力」を示す ＝安心感の獲得 要点を簡潔にまとめる	2.「提案力」を示す ＝期待感の獲得 多彩な表現で期待感を	3.「実行力」を示す ＝信頼感の獲得 一覧表や組織図できめ細かに
① 表紙 ② 目次 ③ 与件の確認 ④ 企画背景要因 ⑤ 企画の基本的方向性	⑥ コンセプト＆テーマ案 ⑦ 会場構成案 　（会場デザイン案） ⑧ プログラム構成案	⑨ 会場運営計画案 ⑩ 開催組織計画案 ⑪ 制作スケジュール案 ⑫ 予算計画案

6-3 プレゼンテーションの方法

1．プレゼンテーションとは

　特別の機会を設けて、あるいは会議や打ち合わせのときに一定の時間をもらって、出席者に自分の考えやその具体的内容を説明し、提案することを**プレゼンテーション**といいます。プレゼンテーションは重要な意味があり、それがうまくいくかどうかによって、自分の提案が採用され、実現するかしないかが決まるという、分岐点の意味をもっています。

　イベント企画案のプレゼンテーションの場合、複数の提案者の競合（コンペティション）で行われるのが通例です。他社より説得力があり、高い信頼感を獲得し得るプレゼンテーションを行うことが必要です。

2．プレゼンテーションの基本的方法

　イベント企画案のプレゼンテーションは、出席者に企画書を配付し、その内容をスライド画面や動画でプレゼンターターが説明するのが一般的です。プレゼンターは1人の場合もあれば、企画案のパート別に専門の担当者が分担して行う場合もあります。

（1）効果的なプレゼンテーションのための留意点

　プレゼンテーションは、ある意味では**「説得のためのコミュニケーションの場である」**ということができます。企画案を相手に説明・提案し、同意や賛同を得るために、一方的に説明するのではなく、双方向のコミュニケーションを通して、相手を説得し、賛同を得るのが理想的だといえます。

プレゼンテーションを行う場合には、以下のような点に留意する必要があります。

効果的なプレゼンテーションのための留意点

① 事前準備をしっかりと行う
② 提案の要点を重点的に、メリハリのある説明を行う
③ 相手の反応を見て、あるいは反応を引き出して、臨機応変に進める

---

① 事前準備をしっかりと行う
　プレゼンテーションの基本の第一は、「事前準備をしっかりと行う」ということです。事前準備とは、プレゼンテーションの戦略を考え、企画書や説明資料を準備し、活用手順を綿密に計画する、作戦を立てる、という重要な意味をもっています。
　そのためには、相手（主催者やクライアントの担当者）はどのような立場の人なのか、プレゼンテーション時間はどれくらいか、こちら側は何人ぐらい出席できるかなど、状況や条件を調べて準備する必要があります。

② 提案の要点を重点的に、メリハリのある説明を行う
　企画の要点に的を絞り、丁寧にじっくりと説明する部分と、簡単な説明で先に進める部分とを明確にし、メリハリのあるプレゼンテーションを行う必要があります。話し方や立ち居振る舞いはもとより、服装にも気を使った、スマートなプレゼンテーションが必要です。

③ 相手の反応を見て、あるいは反応を引き出して、臨機応変に進める
　プレゼンテーションは、こちらが一方的に説明を行う場ではなく、相手の反応を引き出してそれに応える、双方向のコミュニケーションの場として考える必要があります。一通り説明を終えたら質問を促し、相手が興味を示した部分は詳しく説明するなど、臨機応変に進める必要があります。
　また、企画書に書いていないことも説明しなければならないときがあり、そのためにも事前準備を行っておく必要があります。

（2）プレゼンテーションの準備手順と実施手順

プレゼンテーションの準備手順

① プレゼンテーションの持ち時間の確認

プレゼンテーションの持ち時間の確認は重要です。持ち時間によってプレゼンテーションの内容や構成、手順を考える必要があります。

② 企画書・説明資料と資材・機材の準備

企画書・説明資料はプレゼンテーションの持ち時間に合わせてつくるのではなく、こちらが提案したい企画案の全体について必要十分な内容構成になっている必要があります。それは、企画書をプレゼンテーションの後でジックリと読んでもらうためや、その場にいなかった人に読まれることを想定しておく必要があるからです。

また、会場模型や資材サンプル、パソコンやプロジェクターなどの資材・機材は、設置に時間をかけないよう準備する必要があります。

③ リハーサルの実施

本番のプレゼンテーションとできるだけ同じ条件で行うのが望まれます。問題点や課題点を発見し、修正を行います。

プレゼンテーションの実施手順

① 挨拶と趣旨説明

簡潔な挨拶から始めます。主たる内容は、プレゼンテーションの機会を与えていただいたことに感謝し、自分の立場や役割、共同企画者の紹介、企画立案にあたっての考え方などを手短に述べます。

② 企画書を配付する

説明や解説をじっくりと聞いてもらうために、まず、スライド画面や動画を使ってプレゼンテーションを行い、最後に企画書を配付する方法もあります。

③ 企画書に沿って説明を行う

企画書の棒読みではなく、相手の顔を見ながら表情豊かに説明する必要があります。また、企画書の全ページを順次説明するのではなく、要点に的を絞って丁寧に説明したり、前のページに戻って再度強調して説明するなどの工夫も重要です。

④ 説明が終わったら質問を促す

「何か、ご質問はありませんか？」とか、「この点はどのように思われますか？　ご意見をお聞かせください」など、相手の反応を引き出します。

⑤ 謝意・お礼

最後に、プレゼンテーションを受けていただいたことへのお礼を述べ、企画案への賛同や企画案採用のお願いを手短に述べます。

TOPICS　2020年東京オリンピック・パラリンピック招致プレゼンテーション

2013年9月のIOC総会。2020年夏季オリンピック・パラリンピック招致を引き寄せた日本チームのプレゼンテーションは、「おもてなし」の言葉とともに大きな話題となりました。その成功要因は、どこにあったのでしょうか？

プレゼンテーションを成功させるためには、「相手は何を求めているのか」を的確に把握する必要があります。今回でいえば、IOC委員が求めていることは何か、問題や課題は何であるか、ということです。日本チームの構成は多彩でしたが、プレゼンテーションのポイントは次の3点に集約できます。

①日本は安全な国で、国民は正直でホスピタリティーに富んでいる

②コンパクトな競技施設配置を行い、参加選手に負担をかけない

③日本（東京）は必要十分な開催資金を用意できる

各国のIOC委員の最大の関心事は、「平和の祭典であるオリンピック・パラリンピックを開催し続けること」であり、そのためにはどの都市がふさわしいか、でした。「安全な国」と「開催資金の用意」が、IOC委員に対する強いアピールになったことは間違いありません。

「華麗なプレゼンテーション」よりも「核心をついたプレゼンテーション」が必要であるということを忘れてはなりません。

第 2 章　イベントの企画と計画

第3章

イベントの制作推進

第7節　イベントの制作推進と管理
第8節　イベントの会場制作
第9節　イベントのプログラム制作
第10節　イベントの告知・集客

第7節 イベントの制作推進と管理

7-1 イベントの制作推進とは

1．制作と製作

　はじめに、イベント関連業務で使われる「制作」と「製作」という言葉について整理します。

　一般的に「制作」は作品をつくること、「製作」は物品をつくることとして捉えられています。

　では、イベントをつくることはどちらで表現すべきでしょうか？　イベントは、開催趣旨やテーマを可視化し来場者に伝える作品として捉えることができます。そのため、ここでは**「イベント制作」**とします。ただし、そのなかで、ノベルティや造作物などの具体的な物をつくっていく業務は「製作」として考えることができます。

> 制作：イベントを実現するための工程およびその作業
> 　　　例：企画立案・基本計画、実施計画、制作推進、実施・運営
>
> 製作：イベント制作の機能の一部として物品を作製すること
> 　　　例：販促物の製作、木工造作物の製作

2．プロデューサーとディレクターの役割

　ここでは、イベント関連業務におけるプロデューサーとディレクターの役割を見ていきましょう。

第7節　イベントの制作推進と管理

（1）プロデューサー

イベントに関連するすべての業務をまとめて管理・推進していく**制作の責任者**がプロデューサーです。主な役割は企画立案を推進し、それに見合った資金調達を行い、安全と工程と品質を管理していくことです。

以下に、その役割を整理します。

図表3－1　プロデューサーの役割

企画・事業推進	コンセプト構築、マーケティング戦略、組織づくり、スポンサーの獲得
工程管理・品質管理	各段階（調査、企画立案・基本計画、実施計画、制作推進、実施・運営、終了後）における成果物の品質管理とスケジュール管理
予算管理	イベント全体予算の把握、部門ごとの収支管理
広報・PR	キャッチフレーズ・キービジュアルの管理、広報・宣伝計画の管理
法務・契約管理	関係する法律・条例への対応、関係官庁への届け出・申請、肖像権・著作権・意匠権などの管理、各種契約の管理
リスクマネジメント	不測の事態に備えたリスクマネジメント、災害・事故発生時のクライシスマネジメント

TOPICS　映画は「制作」？「製作」？

「制作」は作品をつくることで、イベントをつくることは、ここでは「制作」とすると述べました。

しかし、同じ作品づくりでも、映画では「○○○○製作委員会」や、「製作総指揮××××」といったクレジットをよく見かけます。これは、映画業界では、企画、資金調達、広報・宣伝など、作品を世に出すための業務をまとめて「製作」とよび、中身である作品そのものをつくることを「制作」とよぶことが多いためです。

業界によって、またつくる対象によって、どちらの言葉が使われているか注意して見てみるのも面白いでしょう。

第3章　イベントの制作推進

（2）ディレクター

ディレクターはイベントの**制作現場の責任者**です。主な役割は予算内・期限内で企画の意図するものを仕上げることで、制作の工程・品質・安全に責任をもちます。

イベント制作の工程は進捗に合わせて、「企画立案・基本計画」「実施計画」「制作推進」「実施・運営」の4段階に分けて考えることができます。イベント制作のディレクターの役割を整理したものが、次の表です。

図表3－2　イベント制作のプロセスとディレクターの役割

企画立案・基本計画	実施計画	制作推進	実施・運営
基本方針設定 ・課題 ・達成像 ・提案のポイント ・基本構造　ほか 具体案の設定 ・組織体制 ・美術施工 ・構成・演出 ・キャスティング ・制作スケジュール ・予算　ほか	企画の詳細化 ・企画の確認・修正 ・具体案の詳細化 ・演出詳細プラン ・運営詳細プラン ・美術詳細プラン ・詳細スケジュール ・詳細予算　ほか	制作準備 ・制作内容確認 ・スケジュール作成 手配 ・スタッフ ・備品・資機材 ・ツール制作　ほか 実施マニュアル作成 ・会場図面 ・運営マニュアル ・進行台本 ・危機管理マニュアル 　ほか	開催前 ・搬入・設営 ・リハーサル 開催中 ・運営 ・進行 ・撤去・搬出 終了後 ・報告書作成 ・反省会　ほか

① 企画立案・基本計画

ここではイベントの開催目的を正確に理解し、それを達成するための手法を考えていきます。ディレクターは、組織体制、美術施工案、構成・演出案、キャスティング案、予算配分などを具体的に決めていきます。

② 実施計画

この段階では、企画立案・基本計画で策定した内容を前提に、イベントの詳細案の整合性をとり、個々の機能のバランスをとっていきます。主に演出・運営・美術などを詳細に詰め、工程および予算を管理します。

③ 制作推進

　一般にイベント制作として認識されている業務内容で、スタッフ・物品・造作物・各種ツールなど、イベントの具現化に向けて制作推進していくことです。この段階では専門的な技能をもつスタッフの割合が増えていきます。

　ディレクターは、制作管理の面では主に工程管理・品質管理を行っていくとともに、原価を管理していくことに注力していきます。また、次の実施・運営段階で関係者が判断・行動していくための実施マニュアルを作成します。

④ 実施・運営

　イベントの開催期間を指し、開催前、開催中、終了後に分けられます。開催前には会場内に資材・機材を搬入・設営し、美術施工を完成させます。その後、演出・進行、運営のリハーサルを行うなかで細かな修正・調整を行い、イベント全体の精度・品質を高めていきます。

　開催中はリハーサルどおりに運営していくことが原則ですが、来場者のニーズや来場者数やそれに伴う人の流れなどの会場の変化に合わせて柔軟に対応していくことも求められます。終了後に設営物を撤去、搬出することで終了となります。

　終了後は早い段階で報告書を作成し、次回開催へ向けた反省会を行うことで、より精度の高い改善につなげていくことができます。

　イベント制作は予算や時間という制約、法律・その他の規制を受けながらイベントという成果物を組み立てる重要な業務です。専門的な技能をもつスタッフの連携がポイントになります。イベントの規模が大きいときには、全体をまとめていく統括ディレクターのもとで機能ごとに部門別ディレクターを配置することもあります。

7-2　イベントの4大管理

　イベント制作における管理業務には**「品質管理」「工程管理」「予算管理」「安全管理」**の4種類があり、**4大管理**といわれています。これらに優先順位をつけて業務を推進していく「統合管理」も含め、5大管理とすることもあります。

1．品質管理

　「品質」には幅広い意味があり、機能性・デザイン性・安全性など多様な要素に対して用いられると同時に、これら要素の整合性に対しても品質という言葉が用いられます。
　イベントの品質は**「企画品質」「制作品質」「運営品質」**の3品質によって構成されています。

（1）企画品質

　企画品質とはイベントの企画内容の質やレベルのことであり、イベント自体を対象にして使われる場合と、コンテンツを対象にして使われる場合があります。前者の場合、主催者が設定した目的達成のための手段としてイベントが適しているかどうか、あるいはコンセプトやテーマに時代性や社会性があるかという点が評価されます。後者の場合、プログラム全体の構成や、個々のコンテンツが適切であり、魅力的であるかどうかが問われます。

（2）制作品質

　制作品質とは企画されたイベントを形づくっていくためのプロセスであり、その結果についての質や効果を意味します。ここで重要なことは**「優れたプロセスが優れた結果を生む」**ということで、後述する工程管理と合わせて考えていく必要があります。近年、参加者・出展者の個人情報や企業情報などの管理の徹底や環境配慮などが求められています。

イベントは、開催期間だけではなく、制作推進期間も含めて評価されます。

（3）運営品質

運営品質はイベントの評価に大きな影響を与えます。優れた企画、確実な制作推進を行ったとしても、開催期間を通じて安全・快適・円滑な運営ができなければイベントそのものの評価は大きく下がります。最終的には運営を担う個々のスタッフに依存することになるため、組織体制、スタッフの教育・指導などの**運営環境**を整えていくことが重要です。

TOPICS 「ねらいの品質」と「出来栄えの品質」

運営品質には「ねらいの品質」と「出来栄えの品質」があります。「ねらいの品質」は計画的に準備していくために自ら設定・計画していくものです。「出来栄えの品質」は結果です。「ねらいの品質」を高く設定することで「出来栄えの品質」もつられて高くなりやすいですが、必要以上に「ねらいの品質」を高く設定してしまうと「出来栄えの品質」との差が大きくなってしまうこともあります。

大事なことは、イベントの目的や参加者のニーズに合わせた「ねらいの品質」を認識し、無理のない運営計画を設定していくことです。

2．工程管理

工程管理とは作業項目を抽出し、各項目の相互の影響を考慮して時系列に整理し、管理していくことです。イベント制作においては品質管理や予算管理、安全管理のベースとなります。

（1）工程表の役割

工程管理のツールとして工程表があります。これは作業項目についてそれぞれにかかる日数を時系列に整理した表で、作業計画書ともいえます。制作作業に要する期間を把握するとともに、予定どおりに制作作業が進んでいるかどうかを確認するためにも使われます。また、各作業の担当者が作業スケジュールを確認するだけでなく、イベント制作全体のなかで自身の担う役割、影響を及ぼす作業などを理解することで制作チーム全体の対応力を高めていきます。

工程表には、その用途やイベントの規模に応じて時間単位が異なる**大日程**、**中日程**、**小日程**があります。大日程は開催までの全体の流れを月・週単位で、中日程はイベント制作の個々の要素を月・日単位で、小日程は作業の詳細なスケジュールを日・時間単位で明示していきます。

（2）工程管理のポイント

工程管理はプロデューサーやディレクターの役割ですが、関係者一人ひとりが工程を把握することでよりよい制作環境が整えられます。そのためにはいくつかのポイントがあります。

①作業項目がモレなくダブリないことを確認

作業項目にモレやダブリがあっては管理することはできません。イベント制作に関わるすべての作業項目を抽出していきます。工程表の作成者の視点で作成するとともに、各作業担当者からも作業項目を抽出し、モレ・ダブリをなくしていきます。

すべての作業項目のレベルを揃えて整理していくことが必要です。イベント制作においては、大日程、中日程、小日程の工程表に記載する項目を作業レベルとして揃えることで、工程を把握しやすくなります。

② マイルストーンの設定

　マイルストーンとはプロジェクトを推進していくなかで工程遅延の許されない大きな節目のことを指します。一般的には、マイルストーンに対する進捗を判断基準として、必要に応じて工程の修正や作業資源の組み直しを行います。工程表にマイルストーンを明記しておけば、イベント制作の重要なポイントが一目でわかるので便利です。

③ 工程会議の開催

　工程会議は主要な作業担当者が定期的に集まり、進捗状況を確認していくことです。作業全体の進捗状況を把握するとともに、遅れている作業がある場合、その場で各作業担当者が話し合い、工程の修正を行っていくことができます。工程会議は作業担当者が集まり相手の顔を見ながら細かな調整を行えることもあり、工程管理だけでなく、品質管理の面でも重要な役割を果たします。

3．予算管理

（1）予算と原価

　予算は「あらかじめ算定した金額であり、収入と支出の計画」を意味しています。イベントに当てはめると、主催者やプロデューサーは予算管理志向となり、ディレクターは原価管理志向になります。

　原価は、製品・サービスを提供するために必要な費用です。一般には、人件費（労務費）、材料費、加工費、運送費、業務経費、管理費などによって構成されています。**原価管理**は、イベント制作において予算に対する適正な品質を保つという点で極めて重要なものです。
　与えられた予算に対し原価を管理することで利益を確保していくことから、原価管理とは利益管理ともいえます。

（2）原価の設定

　原価を低く抑えることができればそれだけ利益が残りますが、主催者の視点では、予算に対して適正な品質でイベントが実現できなければ意味がありません。
　また、予算上限まで原価を充ててしまえば品質は高くなりますが、利益が少なくなるため、継続するイベントにはなりません。この時点では品質管理とのバランスが重要になります。
　これらのことは、労働時間の超過や就業環境の悪化など、労働安全衛生の悪化につながる要因でもあるため、原価管理は安全管理の一面をもつことを理解しておく必要があります。

（3）原価の変更

　イベントは、制作過程において内容の変更が非常に多いものです。内容変更すると、原価が変わり、追加で費用が発生する場合もあります。
　この費用を誰が負担するのかという点を明確にしておく必要があります。主催者による内容・仕様の変更であれば、主催者側が負担するべきです。その際、契約書・見積書などをもとに追加費用を算出し、主催者

第7節　イベントの制作推進と管理

側に提示していきます。

　制作側のミスなどで、内容・仕様に追加・変更が加わる場合は、制作側が負担することになります。

4．安全管理

（1）安全管理とは

　安全の確保はすべてにおいて優先します。大きな事故は、長い時間と多大な費用をかけて準備してきた業務のすべてを水泡に帰してしまうばかりか、費用的にもイメージ的にも多大な損害を生じさせてしまいます。一方で、行き過ぎた安全対策は作業効率の低下、演出効果の低下、来場者の利便性の低下などをもたらしてしまいます。必要で十分な安全対策を見極めていくことが必要です。

　安全管理の対象は、主に制作現場におけるスタッフの安全とイベント開催時における来場者の安全があります。他にも、労働環境も含めた労働安全衛生にまで範囲が広まりつつあります。

（2）安全管理の考え方

① 法令遵守

　安全確保の第一歩は、イベントに関連する法律・条例を遵守することから始まります。イベントは種類・形式が多岐にわたるため、関連する法律・条例も非常に多くあります。少なくとも自身が携わるイベントについては把握しておく必要があります。

　法律・条例などの法規制だけでなく、会場規制や主催者規制があり、それぞれにしたがう必要があります。これらの規制を常に把握できるよう、関連法規および監督官庁などの一覧、また提出物や提出期限などの一覧をつくっておく必要があります。

② 危険予知

　イベント会場には多くの危険が潜んでいます。経験や勘に頼るのではなく、関係者を集めたミーティングを行い、チェックリストを活用するなどして**危険予知**をしていきます。

③ 危険予防

危険予知により抽出されたリスクや懸念事項に対し予防策を施していきます。すべてのリスクに対して予防処置を施すことが理想ですが、イベントという期間限定的な活動であることをふまえ、リスクの重大性や予算を考慮して設定していきます。また、事故・災害が発生したときの連絡・対応も設定し、事前に業務連携を訓練することも危険予防に含まれます。

④ 緊急時対応

事故・災害の発生時、人命が最優先であることはいうまでもありません。事前に想定・訓練を行った対応フローにしたがい、冷静に、組織的に対応していかなければなりません。事故・災害に対して対外的な発表をしていく際には、「事実」「原因」「二次災害・事故の予防」「復旧方法」などを伝えていきます。

⑤ 保険加入

イベントに関する保険には「賠償責任保険」「傷害保険」「財物保険」「興行中止保険」などがあります。これらの保険に加入してリスク管理をしていくことがイベント制作においては必要です。また、労災保険について、委託先の会社が労災保険に加入しているかどうかの確認を忘れずに行います。

第 7 節　イベントの制作推進と管理

第8節 イベントの会場制作

8-1 イベントによって異なる会場選び

イベント会場を選ぶ際の考え方には、大きく「イベントの開催趣旨・目的」から選ぶ場合と、「イベントの種類・形式」から選ぶ場合があります。実際は、その組合せを考慮して会場を選択していきます。

（1）イベントの目的・プログラムに合わせる

イベントの目的やプログラムに合わせて会場を選ぶことがあります。例えば、販促イベントとしてサンプリングを行うのであれば、商品のターゲット層が多いところで行う必要があります。会議後にすぐにレセプションを行う場合は、会議場に併設したレセプションホールが必要になるでしょう。展示会と併せてシンポジウムを行う場合であれば、会議室のあるコンベンションホールが必要になります。

スポーツイベントの公式の競技大会の場合、公式記録をとるためには競技大会のグレードに応じた施設条件が定められています。

（2）会場に意味があるイベント

その地で開催することに**意味がある**イベントがあります。祭礼行事や記念式典のようなイベントの場合、開催趣旨そのものが会場に密接に関係していることが多くあります。また、会場施設のアニバーサリーイベントなど、会場施設の歴史や背景が理由として選ばれるイベントもあります。例えば2014年の上半期には、国立競技場の解体が決まっていたことから、多くの「ファイナル○○」というイベントが開催されました。

最近では、イベントのステータスあるいは参加者の好奇心を刺激するために、会場として美術館や水族館などの「**ユニークベニュー**」を志向

▶サンプリング
街頭などで、消費者に無料で商品を配布するプロモーション手法。

▶レセプション
歓迎会、受付などの意味があるが、ここでは歓迎会の意。

▶アニバーサリー
記念日の意。
会場施設のアニバーサリーイベントというと、会場施設のオープニング、○周年、閉場などを記念したイベントをいう。

▶ユニークベニュー
英語で「特別な場所」。博物館や美術館、寺社など、本来は会議・レセプションを開催する場所ではない会場を指す。特別感や地域特性を演出できる。

する主催者も増えています。

（3）会場の機能に合わせる

　イベントの企画に対して会場が適切な機能を有していることは、すべてのイベントの基本となります。参加者数、出展者数、プログラムに応じた施設機能はもちろんのこと、交通アクセス、周辺環境なども含めて考える必要があります。

8-2　会場施設条件の把握とゾーニング

1．会場用地・施設スペース

　会場を選ぶ際には、その会場用地・施設スペースがもつ基本的な条件を検討する必要があります。イベント会場は、次の3種類に分類できます。

イベント会場用地・施設スペースの3種類

空地型会場
　基本的に何もない空き地や野原に、まったく新しい仮設の会場施設・設備を施設する。上下水道、トイレ、電源などのインフラ整備とともに、季節や天候に合わせた暑さ・寒さ対策、雨天時対策などが必要。

専用施設型会場
　展示場やコンベンションセンター、文化ホールなど、あらかじめイベント会場として建てられた施設。プログラムにより既存の状況に手を加える必要がある。

既存施設スペース活用型会場
　公園やスポーツ競技場やターミナルビルのコンコースなど、他の目的で設置されたスペース。プログラムにより既存の状況に手を加える必要がある。

2．会場施設条件

会場は必ず現地を下見する必要があります。最近は多くの会場・施設がWeb上で情報を公開していますが、自身の目で細かな点を確認していくことで、イベントに適した会場を選ぶことができます。また、会場だけでなく、周辺環境も確認しておくことで、会場アクセスや来場者動線、現地で対応できるものなどを把握でき、イベント制作全体をスムーズに行うことができます。

3．会場構成とゾーニング

イベントの目的に合わせて、**会場構成**をしていきます。一般的には来場者や運営スタッフの「**人の流れ**」、配布物や飲食・記念品などの「**モノの流れ**」、来場者の案内・誘導やスタッフ間の運営連絡などの「**情報の流れ**」を効率的に構成することが大切だといわれています。

ゾーニングとは、会場内にどのような施設・設備を配置するのかを決めることです。ゾーニングの基本は動線を十分に考えることから始まります。「人の流れ」「モノの流れ」「情報の流れ」を意識し、来場者が快適に観覧・体験でき、スタッフが効率よく動けるようにしていきます。この際、来場者の行動可能範囲、スタッフ専用の行動可能範囲を定めておくことで、業務に支障を生じさせないようにしていきます。

また、具体的に会場構成とゾーニングを行うにあたっては、以下の3要素を考慮することが重要です。この3要素は、それぞれが他の要素に影響を与えることを考えなければなりません。

会場構成・ゾーニングで考慮すべき要素

・**空間のつながり方**……１つの空間か複数の空間（部屋）か、移動方法や距離・時間
・**集客要素の配置**………プログラム、展示物、景観など来場者の目的となるものの配置
・**人の活動**………………来場者の意思決定や行動

8-3　イベント会場の施工管理

　イベント会場の施工は、短時間で集中して行われます。それぞれの施設工事の内容や作業の影響を考慮しながら、順序立てて整理していきます。

1．施工計画の手順

　イベントの規模や内容により施工計画の策定手順が異なる場合もありますが、一般的には（1）事前の検討・調査、（2）工程計画の作成、（3）調達計画、（4）制作推進計画、の順に行われます。

（1）事前の検討・調査

　会場の現地下見から施工計画は始まります。事前に会場の設計図面を入手し、確認事項を抽出しておくと現地下見をスムーズに行うことができます。現地下見ではチェックシートをもとに自分の目で確認するとともに、会場の管理担当者に質問と確認をその場でしていくことが重要です。
　また、施工側の視点で確認するだけでなく、会場使用規程、申請書類を確認しておくことでその後の業務に役立てていきます。

◀チェックシート
チェックすべき項目をあらかじめ表にまとめたもの。データの収集が容易になることや、調査・観察などの必要項目をモレなくチェックできるといった利点がある。

（2）工程計画の作成

　工程計画の作成とは、施工のすべての業務をリストアップし、各業務の内容・作業量（時間）を確認し、順序を決めていくことです。イベント会場の施工現場では短期間で効率的に作業を進めるために、作業内容により搬入時間を調整し、作業の時間と場所を「枠」として捉えていかなければなりません。
　例えば、展示会ブースを施工する場合、壁面パネルの施工が終わらなければ、装飾物を壁面パネルに設置することはできません。装飾物がパネル施工の最中に納品された場合、装飾物が作業エリアにあることで作業効率が下がりますし、装飾物が傷つく可能性も発生します。

(3) 調達計画

調達計画とは、イベント会場の施工に必要な資材・作業人員・運搬車両の発注計画のことです。全体的な調達について、作業能力、専門技能、予算を考慮しつつ計画を立てていきます。

調達計画は幅広い意味でのリスク管理です。すべての調達は仮設工事であることを前提として事故の防止、品質の確保、工期の順守、予算についてバランスをとりながら策定していきます。

(4) 制作推進計画

制作推進計画とは、会場施工に関する体制を整えていくことです。短期間に様々な分野の従事者が会場施工に携わることから、施工管理側だけでなく、施工協力会社との公平でオープンなルールの設定、責任の明確化、相互の補完関係を確立することで、1つのチームとしての組織体制を確立していかなければなりません。

2. 施工の管理方法

(1) 安全、品質、予算のバランス

イベント会場の施工は仮設構造物なので、限られた予算のなかで安全と品質のバランスを保つところに施工管理の難しさがあります。仮設であることを理解し過度に品質を高める必要はありませんが、安全面での配慮が足りなくなることがあってはいけません。

(2) 安全管理

安全管理の基本は、各協力会社が工程を守ることです。工程の遅れは休憩時間の短縮や夜間作業の発生を引き起こし、これらは作業員の疲労による施工ミスや事故を招くことにつながります。

また、**労働安全衛生法**により、現場作業における労働者の安全と健康を確保して、適正な作業環境を形成することが定められています。作業員の安全と健康を優先し、快適な作業環境をつくることは作業員のため

▶労働安全衛生法
職場における労働者の安全と健康を確保するとともに、快適な職場環境の形成を促進することを目的として定められた法律。労働災害の防止に関する、事業者の責務と管理体制などを規定している。

であり、よりよいイベントを創るためでもあることを関係者全員に理解
させておくことが重要です。

安全管理のチェックポイント

　　作業前 → 当日の概要や各作業内容、外的要因（天気、周辺環境）の把握、工具の点検

　　作業中 → 搬出入作業、高所作業など特に注意を要する作業に対しての確認

　　作業後 → 不要な資材・機材、工具が残っていないかの確認

具体的な安全管理の業務確認としては、次のことが挙げられます。

具体的な安全管理の業務確認

・安全目標の設定と関係者への徹底
・工程確認、安全確認の周知徹底
・消火器と防火用水の確保
・危険物などの保護柵設置
・工具、機械類の定期点検と補修
・喫煙場所の制限指定
・施工現場の安全確認パトロール

　　　　　　　　　　　　　　　　　　　　　　　　　　　　　　　　　　　　　　など

第9節 イベントのプログラム制作

9-1 イベントプログラムの概念と制作の考え方

1．イベントプログラム

(1) イベントとプログラム

　イベントにおいて**プログラム**とは、いくつかの括りで用いられます。イベント会場のステージを例にすると、ステージ上で行われる個々の演目自体をプログラムとして捉えることもありますし、ステージ全体の構成を捉えてステージプログラムとすることもあります。また、イベントで行われる催し全体を指してプログラムとよぶ場合もあります。

　いずれにせよ来場者はプログラムを目的に来場することから、イベントの評価の大半はプログラムの出来栄えにかかってきます。個々のプログラムの品質を高めていくと同時に、プログラム同士のつながりを考え、全体の構成を整えていくことでイベント全体のプログラムの品質を高めていくことができます。

(2) イベントプログラムの種類

　イベントのプログラム形式には、「演技・競技型」「展示・映像型」「会議型」「式典型」「宴会型」の5つの基本形式があり、これらのいずれか、または組合せによってイベントプログラムは構成されます。イベントの開催目的を効果的に達成するために、形式にこだわることなく柔軟にプログラムを制作していくことが求められます。

第9節　イベントのプログラム制作

図表3－3　プログラムの5つの基本形式

基本形式	概要
演技・競技型	出演者の演技や出場選手の競技を来場者が見る形式。基本的には出演者・出場選手と来場者の間に直接的なコミュニケーションはない。
展示・映像型	あらかじめ用意された展示物や映像を来場者が見る形式。展示会などでは説明員がつき、直接的なやりとりを行うこともできる。
会議型	関係者が討議・意見交換する形式。関係者だけが集まり行われるカンファレンスや来場者を集めて公開討論などを行うシンポジウムなどがある。
式典型	祝賀・記念などを一定の形式にしたがって行う行事。参加者はあらかじめ決められていることが多く、開催中の行動も制限されることが多い。
宴会型	参加者同士のコミュニケーションを深めることを目的に、飲食を共にして行われる。参加者はあらかじめ決められていることが多い。開催中の行動は自由度が高い。

2．プログラム制作の5つの視点

　イベントのプログラムは、イベントの目的を理解し、来場者に伝えるべきテーマやメッセージを最も効果的な演出・表現方法で伝えるものです。その際に重要なことは、**誰のために行われるプログラムである**かということと、**誰から見られているか**ということです。

(1) 主催者・クライアントの視点

　主催者は、自ら発信したいメッセージがあり、それにより達成したい目的があります。これらを理解し、具現化していくことがイベントにおけるプログラム制作です。

(2) 制作者の視点

　プログラム制作者は、主催者の考えを引き出すとともに、自らの演出方法によりメッセージがどのように具現化されるのかを伝えていくことで、最適な演出・運営方法を決めていきます。

(3) 参加者（出演者や出展者）の視点

出演者・出展者のパフォーマンスはイベントプログラムにおいて重要な要素です。そのため、パフォーマンスを最大化するために様々な配慮を行い、環境を整えていきます。質の高いパフォーマンスは来場者の満足につながります。

(4) 来場者・観客の視点

来場者・観客は最も難しい関与者といえます。直接的な関与者ではありますが、プログラムについて事前に直接説明する機会もありませんし、来場者個々のニーズも様々だからです。

しかし、来場者からのよい反応はプログラムの効果を高めます。万人受けするプログラムより、来場者像を絞り込み、イメージに合ったプログラムを設定することが、結果として多くの来場者によい印象を与えることになります。

(5) 社会的視点

イベントは社会的活動の1つであることから、近年はより社会的視点を強く意識する必要があります。関係者だけのイベントだから、小規模のイベントだからということではなく、社会のなかで活動しているということを意識し、イベントを開催する社会的な意味や責任を認識しておく必要があります。国際イベントの場合には日本の社会における価値観だけでなく、国際的な価値観を意識してプログラム制作をしていくことになります。

9-2　スタッフィングとキャスティング

1. スタッフィング

　スタッフィングとは、スタッフを集めて編成することです。
　イベント制作の進捗に合わせスタッフの数は増えていきます。制作スタッフの顔ぶれによりプログラムの色合いも変わることから、プロデューサーやディレクターの手腕が発揮される最大の場所ともいえます。
　スタッフィングは自身のチームをつくることでもありますので、信頼や経験が大切です。スタッフィングの最大のポイントはスタッフの得手不得手を知ることです。
　主催者あるいは会場の指定でスタッフが選ばれることもあります。この場合にも、柔軟に対応していけるコミュニケーション能力や管理能力が求められます。

2. キャスティング

（1）出演者の種類

　キャスティングとは、一般には「配役を決めること」をいいますが、ここでは、イベントの出演者を決めることを指します。
　出演者だけがイベントの主役というわけではありませんが、やはり出演者はイベントプログラムを代表する存在です。キャスティングを誤るとイベントプログラム自体の成功が危ぶまれます。

（2）キャスティングのポイント

① 企画・演出内容に対する親和性
　出演者が「企画・演出内容に適した実力、実績、キャラクターか」、また出演者の「企画の理解度」などをよく検討して決めていきます。知

第3章　イベントの制作推進

名度の高い出演者だとしても、企画内容との親和性が低ければ期待するほどの効果を得られないこともあります。

② オーディションの実施

企画・演出内容に対する親和性を図る方法として、オーディションを行うことがあります。自分の目で出演者の雰囲気やスキルを確認して、より的確な判断を下していきます。

オーディションは短時間で多くの人をチェックしていきます。当日の運営や審査基準の確認など事前に準備を行い、スムーズな進行と納得できる審査を心がけます。記録を残すことで、オーディションに参加できなかった関係者との情報共有も可能になります。

③ 契約内容の確認

出演者との間には事後に問題が起きないように、契約内容をしっかりと確認したうえで決定をしていく必要があります。

図表3－4　契約内容の例

内容	イベント全体の内容、出演するプログラムの詳細
出演料	支払方法、個人の場合は源泉等を含む
拘束時間	会場入り時間、本番時間、解散時間
禁止事項	撮影・録音の可否（プレス可・一般不可など）
露出条件	告知媒体、露出範囲（関係者間、一般公開）※Webでの扱いも確認必須
競合排除	企業主催イベントの場合、同業他社との契約

④ 出演者からの要望

出演者がよりよいパフォーマンスを行うために、出演者の要望に応えることもプログラム制作者の役割です。移動交通手段、ステージ環境、ヘアメイク・スタイリスト、ケータリングなどが主な要望として挙げられます。

9-3　イベントプログラム制作と構成表・進行台本

1．イベントプログラム制作のポイント

プログラム制作は、いくつかのポイントがあります。

効果的なプログラム制作のポイント

① 的を絞る

　プログラムのターゲットを絞り、イベント全体のなかで緩急をつけた演出をしていくことで、伝えるべきメッセージを際立たせていきます。

② わかりやすく伝える

　多くの場合一度きりの体験となるイベントにおいて、わかりやすいということは重要です。すべての関与者に対してメッセージや表現をわかりやすく伝えることを意識して、プログラムを仕上げていくことが必要です。

具体的なプログラム制作のポイント

① 演出イメージの伝達

　演出の核となる部分を中心となるスタッフでつくり、意思決定者から承認を得ます。承認後、制作実務の担当者間で演出イメージを共有し、作業を進めていきます。イメージをわかりやすく伝えるために、紙資料、スケッチ、ミニチュア、立体的な絵（パース）などを必要に応じて使って説明していきます。

② 演出手法・演出機材の具現化

　演出の実現に必要な空間的・物理的な要件を整理し、予算内で実現可能かどうかを判断していきます。意思決定者に確認のうえ、必要に応じて演出の変更も行います。

③ 構成表・進行台本の作成

　プログラム全体を通じて存在する構成要素を一覧にして、構成表として全体を整理します。イベントの開催時間内にすべての構成要素が収まることを構成表で確認し、プログラムが確定したら進行台本を作成します。

2．構成表と進行台本

（1）構成表

構成表は、プログラム全体における各コンテンツの「時間」「内容」「出演者」「演出」などを整理したもので、全体の流れを確認するものです。

図表3－5　構成表の作成例

TIME	LAP	CONTENTS	CAST	NOTES	SCREEN	MUSIC	LIGHT
18:30	—	受付/開場	司会者〇〇〇〇氏（影ナレ）	・定刻になったら、受付開始 ・順次クロークを済ませたお客さまより入場 ・会場内にはさわやかなイメージのBGMが流れている	タイトル画面	BGM	〇〇〇〇
19:00	0:05	オープニング	司会者〇〇〇〇氏	・定刻になったら、場内暗転〜オープニングVTR 　オープニングVTR上映 ・VTR後、MCに照明が入って、オープニングコメント	オープニングVTR	VTR-M	〇〇〇〇
19:05	0:05	主催者挨拶	●●●●株式会社 代表取締役社長 ●●●●様	・MCの呼び込みを受けて、●●様によるご挨拶 　主催者挨拶	生中継	—	〇〇〇〇
19:10	0:05	来賓挨拶	△△△△株式会社 代表取締役社長 △△△△様	・MCの呼び込みを受けて、△△様によるご挨拶 　来賓挨拶	生中継	—	〇〇〇〇
19:15	0:05	乾杯挨拶	▲▲▲▲株式会社 代表取締役社長 ▲▲▲▲様	・MCの呼び込みを受けて、▲▲様によるご挨拶 　乾杯挨拶 ・乾杯発声に続き、全員で乾杯唱和	生中継	—	〇〇〇〇
19:20	0:40	歓談/会食		・適宜、歓談/会食	タイトル画面	BGM	〇〇〇〇
20:00	0:15	ステージアトラクション	太鼓奏者☆☆☆☆	・MCによる紹介コメントを受けて、アトラクション実施 　ステージアトラクション ・アトラクション後、MCよりインタビュー ・MCによる送り出しコメントを受けて、アトラクション終了	生中継	生演奏	〇〇〇〇
20:15	0:30	歓談/会食		・適宜、歓談/会食	タイトル画面	BGM	〇〇〇〇
20:45	0:05	中締め	◎◎◎◎株式会社 代表取締役社長 ◎◎◎◎様	・MCの呼び込みを受けて、◎◎様によるご挨拶	生中継	—	〇〇〇〇
20:50	0:10	エンディング	司会者〇〇〇〇氏	・MCからエンディングコメント ・適宜来場者退場〜出口にてお土産をお渡し	タイトル画面	BGM	〇〇〇〇
21:00	—	終了		・お客さま全員退場後、ドアクローズ	タイトル画面	BGM	〇〇〇〇

（2）進行台本

進行台本は、プログラム進行に必要なすべての要素が時間軸に沿って書かれているものです。事前の打ち合わせのなかで常に修正されていきますので、必ず作成日・更新日を明記し、常に最新のものを関係者間でもつ必要があります。

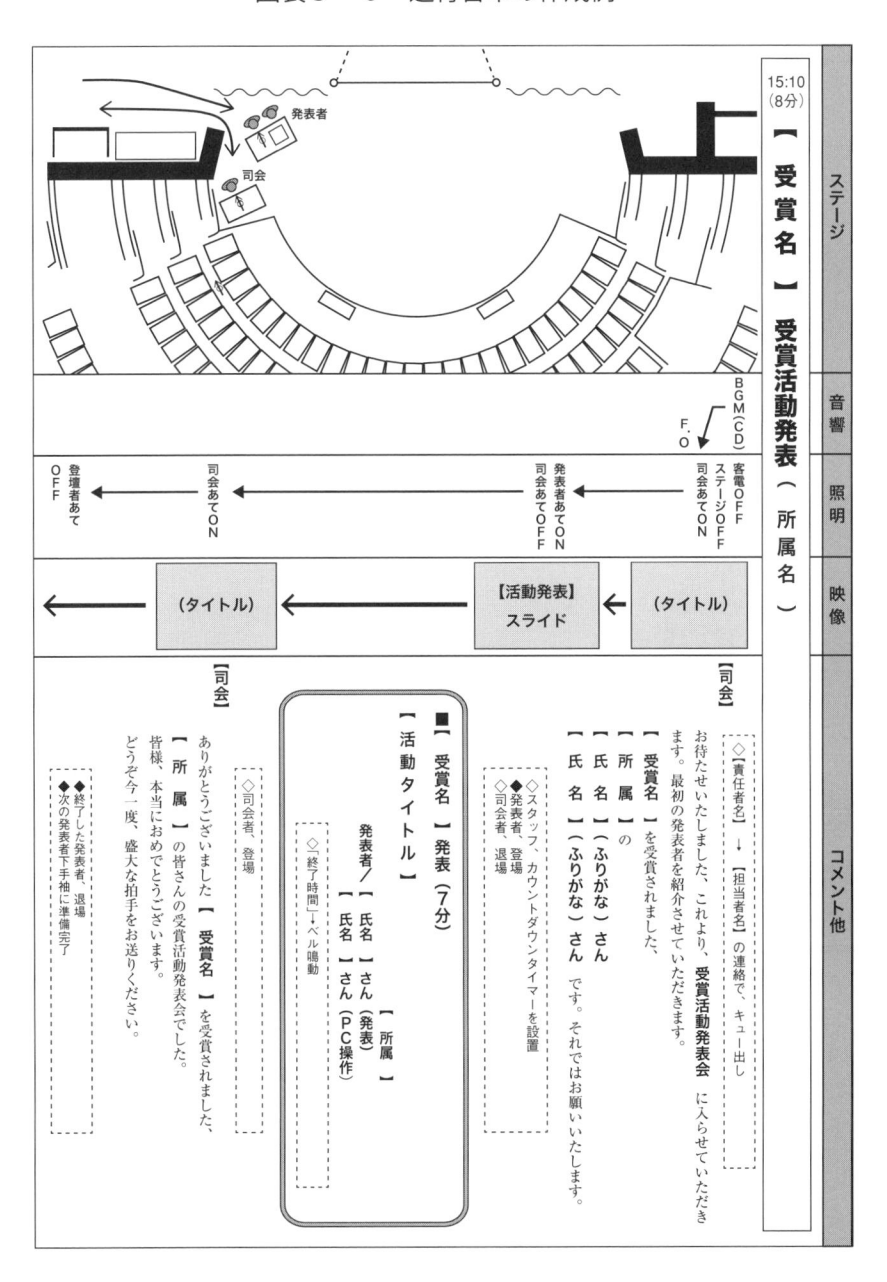

図表3-6　進行台本の作成例

第10節 イベントの告知・集客

10-1 イベントの告知・集客の考え方

1．参加者・来場者・協力者

　イベントの告知・集客業務の主な目的は、参加者募集、来場者募集、協力者募集です。イベントの開催を告知し、告知対象のイベント開催内容についての認知・理解を促進して、参加・集客成果を獲得するプロセスです。

　適切な人数を集客することで、安全にイベントを運営し、イベントの目的を達成することができます。無計画に告知・集客を行えば、収容人数以上の来場者や必要以上の協力者が集まってしまうなど、安全面で問題が生じたり、追加のコストが発生したりする場合があります。

（1）参加者募集

　参加者とは「**出展参加**」「**営業参加**」「**協賛参加**」「**競技参加**」「**出演者**」などの形でイベントに参加する人を指します。参加者の活動自体がコンテンツとして機能するため、参加者が必要十分な数だけ集まらなければイベントのプログラムは成立しません。

　参加者は、参加規程を守る以外は比較的自由に行動することができるので、イベントの趣旨を理解し賛同する参加者を集めていくことが、イベントの品質を高めていくことにもなります。例えば、チャリティイベントの場合、出演者やプログラムに魅力を感じて参加する参加者だけではなく、チャリティの意味・目的などを理解して参加する人が多いほうが、イベント全体が活性化します。

（2）来場者募集

　来場者とは「一般来場者・観客」などイベントプログラムを体験する

人を指します。来場者自体がプログラムや参加者のターゲットであることからも必要不可欠な存在です。優れたプログラムを提供したとしても、来場者がいなければメッセージを伝えることができません。

また、来場者の反応が相乗効果としてプログラムの盛り上げにつながります。提供するプログラム、収容人数に合わせて適正な人数を把握しておくことが必要になります。

（3）協力者募集

協力者とは「ボランティアスタッフ」などの形式で自発的にイベント運営に携わる形で参加する人を指します。近年、スポーツイベントの分野でボランティアスタッフが注目を集めるなど、イベント運営において重要な役割を担う存在として認識されています。特に様々な来場者を集める「博覧会」「祭り・フェスティバル」「文化・芸能イベント」「スポーツイベント」では、協力者が必要になります。

協力者の質が向上することでイベント運営の現場対応力が向上します。協力者の報酬は金銭ではなくモチベーションです。魅力あるイベントをつくることこそが、よい協力者を獲得するポイントになります。

2．告知・集客活動

イベントは情報発信力をもっているため、それ自体が告知・集客活動の1つといえますが、多くの参加者・来場者を獲得し、イベントの効果を最大化していくためには、イベントのための告知・集客活動が必要となります。

（1）参加者（出展者）募集のための告知活動

① 目的・目標の設定と対象の選定

開催趣旨に合わない参加者や必要以上の参加者はトラブルの原因にもなります。参加の目的を明確に設定することで、告知活動だけでなく、結果としてプログラム制作もスムーズに行うことができます。参加対象として、参加してもらいたい企業・団体・個人をリストアップし、優先順位をつけていきます。

② 活動スケジュールの策定

スケジュール策定で重要なことは十分なリードタイムを確保することです。これは参加者の参加予算と準備期間の確保という2つの理由によるものですが、結果として重要な参加者を確保しやすくするためです。特に年度予算で動くことの多い企業の参加を求める場合は、年度前に告知を行うことが望ましいといえます。

▶リードタイム
発注から納品までの時間。

③ 募集体制・組織の構築

参加者募集の責任者を明確にし、主催者組織のなかに参加者募集体制を確立しておく必要があります。これは告知・集客活動の効率化という面だけでなく、参加者の質を一定に保つためにも効果的です。

（2）来場者のための告知・集客活動

① 対象の明確化

イベントの開催趣旨や目的に基づき、一般来場者・観客のプロフィールを明確にしていきます。イベントには、不特定多数の一般市民を対象としたものもあれば、特定の来場者にターゲットを絞ったものもあります。例えば、フェスティバルのようなイベントは多くの一般来場者に来てもらうことが求められますが、ビジネス目的で行われる見本市・展示会では、一般来場者が来場することで本来の目的があいまいになります。

② 戦略的な告知・集客スケジュール展開

告知・集客スケジュール展開は、告知・集客活動の全期間を目的別に区分し、戦略的に行っていきます。告知・集客活動のタイミングは限られた予算を有効に用いるうえで重要であり、例えば、次のように構成を立てます。

図表3－7　期間区分によるイベントの告知・集客活動例

期間	目的	伝達方法
初期告知	開催概要の発表と認知の獲得	パブリシティ重視
中期告知期	参加企業との共同展開による認知の拡大	告知ツール展開
後期告知期	来場者確保	Web、DM
直前盛り上げ期	開催の再認知と期待感の醸成	広告

③ 前売り入場券や事前登録制の活用

前売り入場券の販売は、事前に来場者を確保できる、イベントの認知度や人気度のバロメーターを測れる、制作予算の資金繰りに貢献できるなど、多くのメリットがあります。

見本市・展示会などでは来場者の事前登録を行います。これは来場者にとっては当日の受付を簡素化できるとともに、主催者・参加者側には来場者の属性がわかるというメリットがあります。特に、早い段階で来場者の属性およびその想定数量がわかれば、参加企業をさらに受け付けていく場合の告知・集客がやりやすいものになります。

④ 組織的動員

一定の来場者数を確保していくためにも、様々な組織（企業、団体、学校、地域コミュニティなど）の協力を得て組織的に集客を行うことは有効な手段です。

特に、主催者と同じくイベントのつくり手の一面ももつ参加者（出展企業）と共同で告知・集客活動を行っていくことが有効です。このときは、関与の度合いに応じて、告知ツールや無料入場券を提供していくことも、参加者メリットの1つとして行います。

（3）協力者のための告知活動

① 必要機能の明確化

ボランティアスタッフを中心とする協力者はイベント運営において重要な役割を果たします。近年ではスポーツイベントを中心に認知度も上がり、希望者も増えてきています。しかし、その役割の多くは地味であることも多いため、告知の際には、必要とする役割を明確に伝えていくことが必要になります。

人気のあるイベントは希望者が多く、必要人数よりも多く集まる場合があります。こうした場合は、キャスティングのときと同様にオーディションを行うことがあります。

② モチベーションの維持向上

協力者の目的は金銭的な価値だけではなく、多くは体験を通した多様な価値です。質の高い協力者の継続参加、あるいは新たな協力者の獲得のため、告知・集客の段階から教育期間、開催前後を通して、モチベー

第3章　イベントの制作推進

ションを高め、維持する特別な演出が必要です。例えば、イベント終了後に協力者だけを集めたレセプションパーティーを開いたりすることがあります。

10-2　イベントの告知・集客のためのツールと手段

▶マーケティング・コミュニケーション
マーケティング活動における、企業と顧客の間のコミュニケーションに関する部分をいう。

　イベントの告知・集客も企業のマーケティング・コミュニケーション活動と同様に考えることができます。イベントの情報発信力を生かしたツールや手段を選択することで成果につなげていくことができます。
　一般に、**告知ツール**としてはポスターやパンフレット、チラシ、およびそれらに挨拶状を加えた案内状DMなどがあります。また、**告知手段**としては、広告活動、広報・PR活動とWebのホームページの活用が主流となっています。

図表3-8　イベントの告知・集客のためのツールと手段

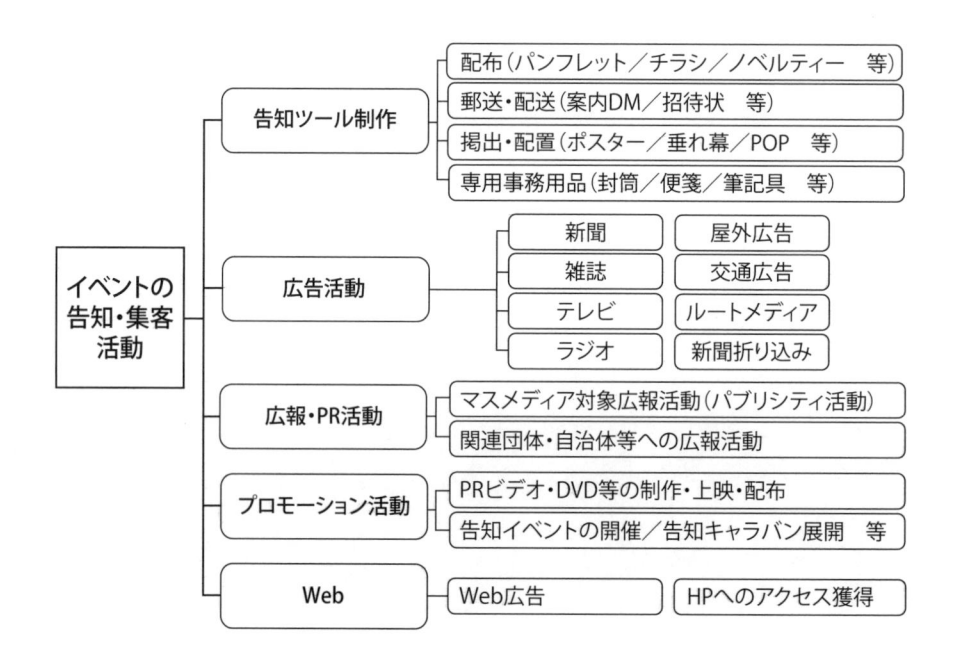

イベントの告知・集客活動
- 告知ツール制作
  - 配布（パンフレット／チラシ／ノベルティー　等）
  - 郵送・配送（案内DM／招待状　等）
  - 掲出・配置（ポスター／垂れ幕／POP　等）
  - 専用事務用品（封筒／便箋／筆記具　等）
- 広告活動
  - 新聞
  - 雑誌
  - テレビ
  - ラジオ
  - 屋外広告
  - 交通広告
  - ルートメディア
  - 新聞折り込み
- 広報・PR活動
  - マスメディア対象広報活動（パブリシティ活動）
  - 関連団体・自治体等への広報活動
- プロモーション活動
  - PRビデオ・DVD等の制作・上映・配布
  - 告知イベントの開催／告知キャラバン展開　等
- Web
  - Web広告
  - HPへのアクセス獲得

1．コミュニケーション・メディアの特性

（1）マスコミ4媒体とWebメディア

広告出稿媒体として、新聞、雑誌、テレビ、ラジオを**マスコミ4媒体**といいます。告知・集客活動を行う際にこの4媒体を使えば、幅広い範囲にメッセージを届けることができます。この特徴に合わせたコミュニケーションを行うことで告知・集客につながります。

また現在、マスメディアと同等以上に活用されているのがWebメディアです。情報量の制限がないことや拡散性の高さなどから、現在最もクリエイティビティが発揮されている分野ともいえます。Webメディアは広告だけでなく、詳細な開催要項の告知、メールマガジンの発行や来場前登録など、集客手段としても欠かせないものとなっており、その特性を把握することが必要となります。

▼セグメンテーション
市場を性質ごとに区分し、それぞれに合った事業を行っていくこと。市場細分化。なお、「セグメント」は「区分」の意。

図表3－9　コミュニケーション・メディアの特性比較

メディア	特性	留意点
新聞	・信頼性が高い ・地域によるセグメンテーションが可能 ・雑誌に比べ、多くの読者をもつ ・定期購読率が高い ・広告原稿の締切から掲載までの時間が短い	・1日で媒体価値を失う ・回読率が低い ・雑誌に比べ、紙質が悪く色の再現性で劣る ・ライフスタイルによるセグメンテーションが難しい
雑誌	・読者層が明確 ・長期間、媒体価値を保つ ・色の再現性に優れている ・回読率が高い	・広告原稿の締切から掲載までに時間がかかる ・新聞に比べ、読者は少ない ・掲載ページの指定が難しい
テレビ	・視覚、聴覚などの人間の感覚に訴えることが多い ・他メディアに比べ視聴者が多い ・注目度が高い	・費用が高い ・多くの情報を伝達しにくい
ラジオ	・デモグラフィック、ライフスタイルによるセグメンテーションが可能 ・ながら聴きができる ・個人聴取が多い	・視覚に訴えられない ・聴取者数が少ない
Web	・情報の蓄積・共有がしやすい ・双方向性が強い ・情報量に制限がない	・情報の信頼性・質が一定でない ・関心を持たない層への情報発信が難しい

（2）販売促進媒体（SPメディア）の特性

マスコミ4媒体やWeb以外の広告メディアを、通常、販売促進媒体（SPメディア）とよんでいます。SPはSales Promotionの略で、具体的には屋外広告、チラシなどの印刷物、DM（ダイレクトメール）などがこれに該当します。

伝達範囲ではマスメディアにかないませんが、表現方法に工夫が凝らせることや、直接訴えることができるという特性もあります。マスメディアと組み合わせ、告知・集客の段階に合わせて利用していくことで大きな効果を発揮することができます。

図表3－10　主なSPメディアの特性比較

メディア	特性	留意点
屋外広告	・人が集まる場所、人の視認が多い場所で目にする ・サイズが大きく、インパクトが大きい	・法的規制が多く、自治体ごとに対応が異なることがある ・効果測定が不明確
交通広告	・行動習慣、生活動線にあり、視認性が高い ・地域をセグメントできる	・他社広告と横並びで掲示される
印刷物	・携帯性に優れている ・保存性に優れている ・置く場所、見る場所の自由度が高い	・大量の情報を持ち運ぶことが難しい ・内容変更に時間がかかる ・在庫に収納スペースが必要
DM	・ターゲットを絞り、個人に発信できる ・情報量を増やすことができる ・保存性に優れている	・企画から発送までの時間がかかる ・開封率が低い ・郵送・配送費が高い

2．広報・PR活動

　イベントの情報発信力を十分に発揮していくためには、広報・PR活動に注力していくことが望ましいといえます。それは、イベントという期間限定的な取り組みを継続させ、社会のなかで成長させていくには、社会との関係性を築くPR（Public Relations）という考えそのものを実践していくことが必要だからです。

（1）パブリシティの獲得

　広報・PR活動の成果としてパブリシティの獲得が挙げられます。しかし、パブリシティを獲得することが目的なのではなく、パブリシティを獲得することで、より多くの人にイベントの存在を伝えられるということが目的であることを理解しておかなければなりません。

◀パブリシティ
製品・サービスの情報や企業の活動状況について、メディア側の判断によりメッセージを発信してもらうこと。メディア側への支払いは発生しないのが特徴といえる。

（2）社会に情報を活用される

　近年のPR活動では、Webメディアを通じて社会のなかに情報を広めていくことが多くあります。そのためには今までどおりの情報発信形態ではなく、ソーシャルメディアやニュースサイトに再活用されやすい形で情報を残していくことが求められます。

TOPICS　広報・PR関連用語

PR（Public Relations）	パブリック・リレーションズ。組織と社会の間に相互に利益のある関係を築く戦略的コミュニケーションのプロセス。
広報	企業・団体が社会に向けて情報発信をすること。
広聴	広く社会一般からの意見や要望を聴くこと。
広告	広告主が広告媒体を用いて、目的を達成するために行う管理可能なコミュニケーション。
ニュースリリース	新聞、雑誌、放送用に配布される発表資料。プレスリリースと同義。
ニュースレター	企業や団体で発行する手紙形式の刊行物。
ファクトシート	当該事案について基本要素となる事実が含まれる文書。
ポジションペーパー	企業・団体が特定の問題・懸案事項に対して、その立場を詳細に説明した文書。
情報解禁	リリースに定められた情報の解禁日時。スピーチなどの原稿ではスピーチが始まった時間が情報解禁となる。
記者会見（プレスカンファレンス）	緊急性の高い出来事について行われる会見。人物に焦点があてられることが多い。
記者発表会	ニュース性の高いものについて、あらかじめ予定されたなかで行われることが多い。商品・サービスに焦点があてられることが多い。
記者説明会（プレスブリーフィング）	緊急性、ニュース性は高くないが、企業や商品・サービスの現況や計画・背景など、今後のメディア展開に有効なものを説明するもの。
CSR（Corporate Social Responsibility）	企業の社会的責任。企業が、自身の活動が社会に与える影響に責任をもち、あらゆる利害関係者のニーズに対して適切な意思決定を行い、行動していくこと。
コンプライアンス	法令遵守。企業・団体が経営・活動を行ううえで法令・各種規制や社会的規範を守ること。
ガバナンス	不正の防止と組織力の向上を目的に行われる、組織内部のメンバーまたは利害関係者による意思決定、合意形成のシステム。
インフルエンサー	社会一般、あるいは業界内において影響力の大きい人。オピニオンリーダーともいわれる。
フライヤー	新製品、イベントなどの告知を目的として、通常1枚もので作成される郵便物やチラシ。
リーフレット	通常4ページで作成される印刷物。
パンフレット	リーフレットよりもページ数の多い、表紙のある印刷物。

※一部参考
井之上喬『パブリック・リレーションズ—最短距離で目標を達成する「戦略広報」』／日本評論社／2006

第4章

イベントの運営とマネジメント

第11節　イベント運営の全体像
第12節　イベント運営業務のポイント
第13節　リスクマネジメントと安全管理
第14節　これからのイベントマネジメント
第15節　ユニバーサルイベント

第4章　イベントの運営とマネジメント

第11節 イベント運営の全体像

11-1　イベント運営とは

　イベントの運営を理解するうえでまず押さえておきたいのは、イベントの運営には、「**広義の運営**」と「**狭義の運営**」の2つがあるということです。

　「**広義の運営**」は、「イベント全体の運営」で、イベントをトータルマネジメントすることを意味します。イベントの主催者組織（社団法人、協会、実行委員会など）のもとで「**事務局**」が、イベントを構成する様々な要素（会場施設建設、展示、催事、広報・宣伝、出店営業、会場運営、サービス、観客輸送など）を業務とし、**事業全体の推進・管理**を行うことを総称します。

　「**狭義の運営**」は、「イベント会場の運営業務」です。会場施設管理、会場安全管理、来場者サービス管理、行・催事プログラム管理、営業管理といった業務を指します。

　運営業務の主たる目的は、明確な運営方針を立て、イベント会場に集まる来場者に、「**安全**」「**快適**」「**円滑**」に気持ちよく過ごしていただくことです。そのために、運営業務に携わる関係者（事務局員、ディレクターなど）は、明確な運営方針を立て、詳細な運営計画を練り、運営の組織づくりを行います。

第11節　イベント運営の全体像

図表４－１　イベント全体の運営とイベント会場の運営業務

イベントの運営

広義の運営＝イベント全体の運営

① 主催事業全体の方針／予算／手法の管理業務
② 主催者組織の構成と業務推進
③ 事務局組織の構成と業務推進
　　＊企画・計画の立案・策定、会場構成、参加者構成、
　　　入場者告知・集客等、イベント全体のマネジメント業務　など

狭義の運営＝イベント会場の運営業務

① 会場運営事務局（庶務、経理、渉外、人事、広報など）
② 会場施設管理（施設、展示、設備、植栽など）
③ 会場安全管理（警備、通門、清掃、衛生など）
④ 来場者サービス管理
⑤ 行・催事プログラム管理
⑥ 営業管理（出展、営業出店など）
⑦ 市民参加事業管理（ボランティアスタッフ、催事出演者など）

11-2 制作推進の主体としてのイベント事務局

それでは、「広義の運営」である「イベント全体の運営」、その制作推進の主体としての「イベント事務局」について理解しておきましょう。

1．イベント事務局の設置

イベント事務局は、主催者や協力／協賛関係者と現場責任者との意思疎通を図りながら、イベント全体におけるプロジェクト・プログラム・プロセスを統合的に管理し、各関連部署に対し指示・命令・調整を行う機関です。

イベント事務局組織は、イベントの規模や内容によって千差万別で、大規模イベントでは、多くのスタッフが事務局員として従事し、小規模イベントでは2～3名で担当します。

また、イベントの制作段階の進捗に合わせて拡大・縮小する可能性のある組織であり、設置期間も2～5年の長期間にわたる場合からイベントの開催中だけ設置する場合まで様々です。

イベント事務局の編成は協働組織型で、大規模イベントの場合は、行政機関、関係機関・団体、出展／協賛企業などの複数の主催者関係団体や協力団体からの出向者と様々な専門会社・協力会社からの出向者によって編成されます。

第11節　イベント運営の全体像

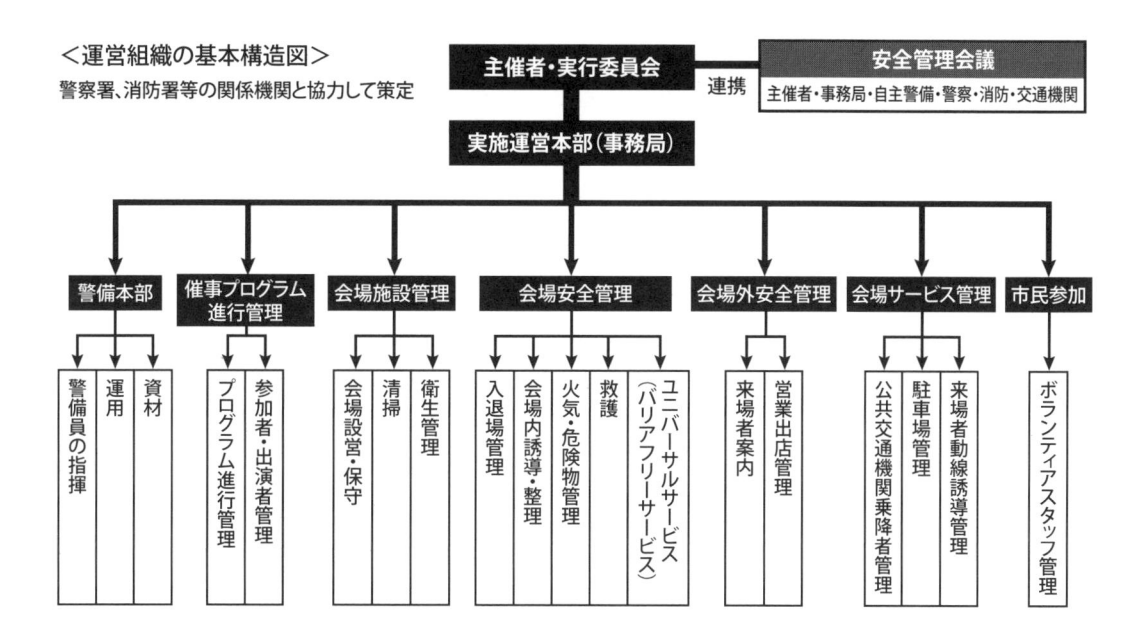

図表4−2　花火大会の事務局組織図（例）

＜運営組織の基本構造図＞
警察署、消防署等の関係機関と協力して策定

```
主催者・実行委員会 ──連携── 安全管理会議
        │                    主催者・事務局・自主警備・警察・消防・交通機関
  実施運営本部（事務局）
        │
  ┌─────┬─────┬─────┬─────┬─────┬─────┬─────┬─────┐
 警備    催事プログラム  会場施設  会場安全  会場外安全  会場サービス  市民参加
 本部    進行管理        管理      管理      管理        管理
```

- 警備本部：警備員の指揮／運用／資材
- 催事プログラム進行管理：プログラム進行管理／参加者・出演者管理
- 会場施設管理：会場設営・保守／清掃／衛生管理
- 会場安全管理：入退場管理／会場内誘導・整理／火気・危険物管理／救護／ユニバーサルサービス（バリアフリーサービス）
- 会場外安全管理：来場者案内／営業出店管理
- 会場サービス管理：公共交通機関乗降者管理／駐車場管理／来場者動線誘導管理
- 市民参加：ボランティアスタッフ管理

2．イベント事務局の基本業務

　イベント開催前の事務局の業務として、イベント会場の設営・施工やプログラム制作の進行管理に加えて、参加者・出演者・関係者・関係機関との連絡・調整などがあります。また、定期的に事務局会議を開催し、イベントの目的に準じて、運営の方向性の調整や、実務の進捗確認・整理などを行うことも必要です。さらに事務局の重要な業務として、イベントの参加者募集（出展参加、営業参加、協賛参加など）、協力者募集（ボランティアスタッフなど）があり、募集業務はもとより、決定後の管理も行います。

> **イベント事務局の主業務**
>
> ① イベントのテーマ・理念に基づき業務内容の方針や方向性を決定
> ② 主催者組織との調整業務
> ③ 事務局内の情報共有と会議の設定
> ④ 関連行政機関・団体等との連携、行政機関への申請業務
> ⑤ 全体および各部署の予算管理
> ⑥ 業務発注事業者の決定
> ⑦ 各種報告書の作成
> ⑧ 渉外対応(広報・問い合わせ対応)

3．イベント事務局での事前準備の重要性

　品質の高いイベント運営の実現には、事前準備に万全を期す必要があります。
　イベントを成功に導くためには、計画時に効率的な**運営システム**を構築しておくことが必要です。イベントの現場では、予期せぬ課題が次々と発生し、その解決が常に求められます。イベント関係者全員が、具体的な運営手法を理解し、発生した課題に対応できる運営システムを構築し、各種マニュアルを作成しておくことが重要です。

　また、常にイベント来場者の立場になって、運営上の問題点はないかを意識して業務に従事する気持ちや、「**気づきの精神**」が大切といえます。この「気づきの精神」は、「おもてなし」にも通じる重要なポイントともいえるでしょう。

11-3 イベント実施時の会場運営

　ここでは、イベントの「狭義の運営」である会場運営について解説していきます。

1．会場運営の考え方

　イベント全体の運営を統括する「イベント事務局」は、開催中はイベント会場に移り、「会場運営本部事務局」や「実施運営本部事務局」になるのが一般的です。
　会場運営の基本は、来場者を「**安全**」「**快適**」「**円滑**」におもてなしすることです。会場運営においては、この3つの基本をもとに、イベント会場の管理エリアを設定し、主催者と運営本部事務局自らが自主運営、自主管理を行う必要があります。

　上記の3つに加えたもう1つの要素として、決められた全体予算枠内での「**効率的な運営**」が望まれています。
　「効率的な運営」を行うためには、安全性を最も重視し、臨機応変な運営方法を考えることが大切だといえます。

　イベント実施時の会場運営業務は、生き物のように変化します。いつ何が起こってもおかしくない空間がイベント会場だと認識しておく必要があります。

2．会場運営組織について

　会場運営組織は、指揮命令系統が明確（責任の所在が明確）で、迅速に意思決定ができる組織体制を確立していなければなりません。

　イベント開催中に会場に移った「会場運営本部事務局」や「実施運営

第4章 イベントの運営とマネジメント

本部事務局」の組織下に、業務区分に応じて「会場管理部門」「プログラム進行部門」「会場サービス部門」などの各組織が置かれますが、大規模イベントや屋外イベントなどでは、すべての管理部門と連携をする形で「安全管理部門」を独立させて設置することもあります。また、今後は「ユニバーサルイベント対応部門」も独立した部門とすることが望ましいでしょう。

その他、必要に応じて「市民参加管理部門（ボランティアスタッフ管理部門）」「営業出店管理部門」など、イベント内容によって組織を構成します。

会場運営組織の基本構造は、次のようになっています。

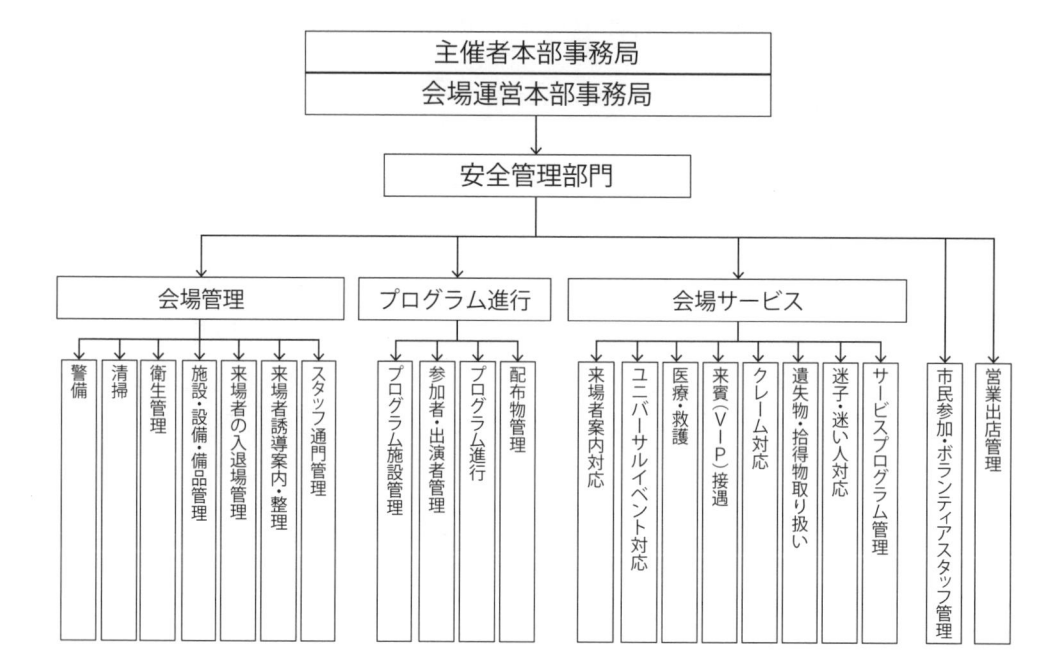

図表4-3 会場運営組織の基本構造

```
              主催者本部事務局
              会場運営本部事務局
                    │
               安全管理部門
    ┌──────────────┼──────────────┬─────────┬─────────┐
  会場管理      プログラム進行     会場サービス   市民参加・   営業出店
                                              ボランティア    管理
                                              スタッフ管理
```

会場管理：警備／清掃／衛生管理／施設・設備・備品管理／来場者の入退場管理／来場者誘導案内・整理／スタッフ通門管理

プログラム進行：プログラム施設管理／参加者・出演者管理／プログラム進行／配布物管理

会場サービス：来場者案内対応／ユニバーサルイベント対応／医療・救護／来賓（VIP）接遇／クレーム対応／遺失物・拾得物取り扱い／迷子・迷い人対応／サービスプログラム管理

3．会場運営業務の基本的内容

会場運営業務は、「**会場管理業務**」「**プログラム進行**」「**会場サービス**」に大別できます。いずれも主催者と来場者の視点に立ち、イベント会場を安全・快適・円滑で効率的に運営するためのものです。

イベントの大小にかかわらず、その業務は多岐にわたり、細心の注意

を必要とし、たとえそれが入場無料のイベントの場合であっても、決しておろそかにはできないものばかりです。

以下に、どのような会場運営業務があるかをまとめておきます。

図表4－4　基本的な会場運営業務

会場管理業務	安全管理業務
	警備業務
	清掃業務
	衛生管理業務
	施設・設備・備品管理業務
	来場者の入退場管理業務
	来場者誘導案内・整理業務
	スタッフ通門管理業務

プログラム進行業務	プログラム施設管理業務
	参加者・出演者管理業務
	プログラム進行業務
	配布物管理業務

会場サービス業務	来場者案内対応業務
	ユニバーサルイベント対応業務
	医療・救護業務
	来賓（VIP）接遇業務
	クレーム対応業務
	遺失物・拾得物取り扱い業務
	迷子・迷い人対応業務
	サービスプログラム管理業務

※それぞれの業務については次節で説明します。

第12節 イベント運営業務のポイント

12-1　会場管理業務のポイント

　ここでは、前節の会場運営業務の基本的内容で整理した「図表4－4 基本的な会場運営業務」に沿って、それぞれの業務のポイントをまとめていきます。まずは、「会場管理業務」に分類される8つの業務を見ていきましょう。

1．安全管理業務

　会場運営では、イベント開催前に想定される、台風や地震などの自然災害や火災、事件・事故などの予期せぬ緊急事案に対して、綿密な対応策を計画することが重要です。
　そこで最も重要となるのが、指揮命令系統が明確で現場が機動的に対応できる体制づくりです。大規模イベントや花火大会のような屋外イベントでは、**「安全管理会議」**が設置され、危機事案の発生時には**「緊急対策本部」**として機能します。
　安全管理会議は、主催者、事務局、警察、消防、自主警備、会場（施設）、自治体、公共交通機関、その他関係機関の責任者から構成され、連携して安全管理に臨みます。安全管理会議の指導のもと、計画段階で以下のような項目について検討し、**危機管理マニュアル**としてまとめておくことが重要です。

第12節　イベント運営業務のポイント

危機管理マニュアルの記載項目

① **危機管理体制**
　危機事案発生時の基本対応、指揮命令系統、防火管理、自衛消防隊組織、緊急放送要領、連絡体制など

② **開催・中止判断**
　天候、地震、洪水、事故などを原因とする開催中止の判断基準、中止判断時の連絡・広報、中止時の対応計画など

③ **防犯・防災機器運用計画**
　イベント会場内の防犯・防災対策のための、監視カメラや火災報知機、煙探知機、消火設備等の機器運用など

④ **事案別対応要領**
　豪雨、強風、雷、地震等の自然災害の防災対策と発生時の対応要領のほか、防火対策と火災発生時の対応要領、防犯対策と発生時の対応要領、交通機関不通時の対応要領など

⑤ **避難計画**
　基本避難動線、避難場所、避難誘導時の伝達方法など

⑥ **医療救護対策**
　救護室設置、看護師等の配置、救急搬送体制など

⑦ **衛生対策**
　食品衛生体制、食中毒防止対策など

⑧ **警備対策**
　配置計画、業務内容、規制計画など

⑨ **教育訓練計画**
　避難訓練や救急搬送訓練など

2．警備業務

　イベント開催時の円滑な運営、および来場者・関係者の生命、身体、財産を保護するという視点から、警備体制を万全なものにしておく必要があります。
　会場運営本部内に「**警備本部**」を設置し、委託警備会社の警備員により編成するのが一般的です。事件・事故、不法・不正行為の未然防止、そして万が一事件・事故が発生した場合の確実、迅速な第一次的処置を行うことが重要です。
　来場者の安全保持のため、「警備本部」の指揮下で「安全管理業務」や「来場者誘導案内・整理業務」などとも連携して様々な自主警備を行います。

　主な警備業務には、「会場内外の警備」「展示物等の警備」「雑踏警備」「VIP警備」などがありますが、人的警備に加えて、監視カメラ等の機械警備を活用し、効率的に業務を行います。

3．清掃業務

　イベント会場を清潔に保つには、自主清掃を徹底し、関係者全員が会場美化維持の意識をもつことが重要です。
　大規模イベントの場合は、清掃専門会社へ委託します。会場内の清掃は、主催者、運営本部事務局、参加者（出展・出店者）など、それぞれの責任区分を明確にする必要があります。
　また、ゴミの処理については、開催地の「ゴミ分別」ルールに対応したゴミ箱や集積所の設定が必要です。
　「**ゴミ減量の推進**」も実施が求められています。来場者へのゴミの「持ち帰り」の周知徹底だけではなく、出展参加、催事参加、営業出店参加に伴うゴミについても、主催者、運営本部事務局関係者をはじめ各参加者で「持ち帰り」を原則とします。営業出店参加（弁当事業者含む）の容器回収や、定められた喫煙場所以外での禁煙などのルール設定が必要です。

4．衛生管理業務

イベント開催期間中に食中毒や感染症が発生すれば、開催イベントに大きな支障をきたす要因となります。

管理体制としては、食中毒の予防に関する**「食品衛生」**と、細菌や空気などの環境管理に関する**「環境衛生」**の2つに分けられます。

図表4－5　衛生管理業務の区分と内容

区分		主な業務内容
食品衛生管理	飲食物に対する食品衛生の管理	・「食品衛生に関する遵守事項」の作成 ・営業出店者への指導 ・衛生講習会の実施
環境衛生管理	トイレやゴミ集積所をはじめ、施設における清潔維持の管理	・「清掃に関する遵守事項」の作成 ・清掃およびゴミ処理の実施 ・害虫駆除の実施
	インフルエンザやノロウイルスなどの感染症の対策	・手洗いやうがいなどの徹底指導 ・洗浄剤や消毒薬の手配、準備 ・対策事項の検討 ・関係機関との調整

5．施設・設備・備品管理業務

博覧会などの大規模イベントにおいては、パビリオンや案内所、休憩所などの施設や設備の保守・メンテナンス業務は、主催者、会場運営本部の業務区分となります。一方、比較的規模の小さい展示会や会議イベントなどにおいては、それらの業務は会場・施設側の業務区分となります。

また、イベントの**備品・消耗品の管理**は、運営効率に影響を及ぼす重要な会場運営業務の1つです。備品・消耗品管理のポイントには、「運営計画に則った準備」「リスト管理」「ストック場所の管理」などがあります。

6．来場者の入退場管理業務

　入退場が行われる場所は、運営業務上、来場者の人数や属性を把握するとともに、会場内の安全管理と秩序維持を目的とした行動規制（持ち込み規制）や入場制限を行う、会場管理上最も重要な場所です。

　来場者にとっては、イベント会場の玄関口となり、イベントに対する期待感を高めるとともに会場内での規制や禁止事項を知る最初のエリアとなります。したがって、来場者の印象を左右する意味でも最も重要な場所といえます。

来場者の入退場管理業務の内容

① **来場者出札業務**

　入場券の発券業務、有料イベントの場合は販売業務と売り上げ・釣り銭管理業務、来場者の属性調査など

② **来場者改札業務**

　来場者が会場へ円滑に入場するための改札業務
　・入場券のチェック
　・不正入場券の発見および入場不適格者の排除
　・持ち込み禁止物のチェックと対応
　・団体入場および特別割引該当者などへの対応

7．来場者誘導案内・整理業務

　イベント会場内外での誘導・整理業務は、運営に関わるスタッフ（関係者）の基本業務です。来場者が迷うことのないよう、スムーズな誘導案内を行うことが大切です。

　イベントによっては、展示・映像施設の座席案内などを行うこともあります。イベントの属性や来場者数によって誘導方法が異なり、混雑状況によっても様々な対応が必要となる業務といえます。また、会場内のみではなく、来場者駐車場や会場への経路上での誘導案内方法も計画しておく必要があります。

　会場内外での誘導案内業務のポイントには、次のような点が挙げられます。

誘導案内業務のポイント

① **来場者の安全を第一に考えた行動**
　警備員だけではなく、運営業務関係者全員が安全重視の視点をもちます。

② **適切な制服警備の配置**
　制服警備は「警備が行われている」ということを認識させ、事故発生抑止の効果があります。

③ **入場待ち列の整理オペレーション**
　入場待ち列スペースを事前に計画し滞留予測を立て、整理要員や備品を準備しておきます。待ち列整理オペレーションのポイントは、来場者に対しての「公平性の保持」「入退場に関しての安全確保」にあります。

8．スタッフ通門管理業務

　関係者の通門管理（人・モノ・車輌など）のシステムを確立し、マニュアル化して関係者全員が順守できることが重要です。

12-2 プログラム進行業務のポイント

1．プログラム施設管理業務

プログラム施設とは、イベント会場において演技・競技、展示、会議、式典、宴会など様々なプログラムを実施するステージ、会議施設、広場などの施設のことを指しています。プログラム施設管理では、ステージ施設、音響・照明・映像機器、出演者控え室、客席、各種の備品およびその保管施設などの管理・運営を行います。

2．参加者・出演者管理業務

参加者・出演者管理業務とは、演技・競技、会議、式典などのプログラムに関わる参加者・出演者が、プログラム施設に集合し、プログラムを実施し、解散するまでのすべての行程を管理・サポートする業務のことをいいます。

3．プログラム進行業務

プログラム進行業務とは、演技・競技、展示、会議、式典、宴会などのプログラムを実行するための演出・進行を行う業務のことをいいます。音響・照明・映像などを駆使した具体的な演出方法を計画し、進行台本を整備して、プログラムが滞りなく実施できるようにリハーサルから本番までの進行管理を行います。

4．配布物管理業務

プログラムに関わるパンフレット、チラシ、記念品などを制作し、告知段階から本番当日までの配布、在庫管理などの業務を行います。

12-3　会場サービス業務の
　　　　ポイント

1．来場者案内対応業務

　会場内の「**情報提供窓口**」としてタイムリーで正確な案内サービスが行えるよう情報収集し、来場者からの様々な問い合わせに対応します。

　大規模イベントでは、メインとなる総合案内所のほか、会場内各所に案内所を設置する必要があります。また、案内所はユニバーサルイベント対応を兼ねる場合も多く、介助・補助スタッフ、手話通訳者、外国語対応が可能なスタッフを配置することが一般的になっています。

　大規模イベントの案内所では、次のような多岐にわたるサービス対応の業務があります。

来場者案内対応業務の例

① 各種催事に関する案内
② 各施設に関する案内
③ 展示物に関する案内
④ 交通に関する案内
⑤ 遺失物・拾得物対応
⑥ 迷子・迷い人対応
⑦ 来場者クレーム対応
⑧ 営業出店内容案内（販売品目、店舗名など）
⑨ 救護対応
⑩ ユニバーサルイベント対応窓口
⑪ 貸し出し物対応
⑫ ペット預かりサービス
⑬ 宅配サービス業務
⑭ 手荷物預かりサービス
⑮ その他周辺イベント・近辺観光案内・宿泊案内

など

　またイベントによっては、コールセンターを設置し、イベントに関わる様々な問い合わせに、開催前から開催終了まで電話やWebで対応し、来場者からの問い合わせに対応することもあります。

第4章　イベントの運営とマネジメント

2．ユニバーサルイベント対応業務

　ユニバーサルイベントとは、**来場者の普遍性への対応構造をもったイベント**といえます。つまり、イベントに来場・参加を希望するすべての人々が、年齢、国籍、性別、LGBT、使用言語等の違いにかかわらず、高齢者も障がいのある人も、みんなと一緒に、快適に来場・参加ができ、豊かで充実したイベント体験が楽しめる会場構造と施設機能と運営体制をもったイベントです。
　運営体制においては、次のようなサービス対応の業務があります。

▶LGBT
女性同性愛者（レズビアン、Lesbian）、男性同性愛者（ゲイ、Gay）、両性愛者（バイセクシュアル、Bisexual）、そして性転換者・異性装同性愛者など（性同一性障がい、トランスジェンダー、Transgender）の人々を意味する。

運営体制におけるユニバーサルイベント対応業務の例

① **サポートツールの提供**
　多言語対応のパンフレット、視覚障がい者対応の点字パンフレットの配布などのほか、触知案内図や触知模型などの設置

② **貸し出しサービス業務**
　車いす、ベビーカー、シルバーカー、音声ガイドなどの貸し出しサービス

③ **通訳サービス**
　外国語通訳者、手話通訳者などの配置

④ **サービス施設の設置**
　授乳室などの設置

▲触知案内図（しょくちあんないず）
視覚障がい者が触ってわかるように作成された地図。凹凸のある線や点字が用いられている。触知図（しょくちず）。

▲シルバーカー
高齢者が外出の際、歩行の補助などに用いる手押し車。バッグや腰かけがついているものが多い。

3．医療・救護業務

　医療・救護業務として、全イベント関係者に対し傷病者を発見した場合の対応方法を検討しておくことが大切です。事前計画の段階で、開催地の行政機関、消防・警察機関、医療機関、その他の関連機関と綿密な連携をとり、開催期間中の万全な体制を構築する必要があります。
　医療・救護業務のポイントには、次のような点が挙げられます。

医療・救護業務のポイント

① 救護室について
　イベントの規模にもよりますが、会場内に救護室（救護センター）を設置し、看護師（規模により医師）を常駐させます。

② 救急車の待機
　救急車を常時、待機させることもあります。救急搬送できる支援病院に協力依頼を事前に行っておく必要があります。

③ AED設置と取り扱い
　AED（自動体外式除細動器）については、設置場所を確認し、イベント関係者全員が操作・取り扱いできるようにします。

④ 夏季の「熱中症対策」
　「熱中症対策・予防策」は周知徹底し、イベント関係者全員が、発症時の応急措置について理解しておく必要があります。

⑤ 救護備品、消耗品
　救護備品としては担架（たんか）が代表的ですが、簡易な傷病者搬送の方法として、機動性を重視し、車いすを利用すると便利です。消耗品としては、うちわ、氷、大量のタオル、経口（けいこう）補水液（ほすいえき）などの用意が挙げられます。

⑥ 「救急箱」の設置
　応急処置用の「救急箱」を整備しておくことは必須事項ですが、基本的には外傷対応の備品です。原則的に薬の処方はできません。

4．来賓（VIP）接遇業務

　大規模イベントの開催中には、国内外からの招待者を含め多数の来賓が予想されます。そのなかで、社会的地位や知名度が高く、広く影響をもつ人、また主催イベントの開催運営に著しく寄与した人たち（「**賓客**（ひんきゃく）」）を招待し、接遇（せつぐう）対応する必要が生じます。

5．クレーム対応業務

イベント開催時には様々なクレームが発生します。各クレームについては、即時解決はもちろん、クレームを再発生させないために、徹底的に原因究明を行うことが重要です。また、そのクレームに関する情報を一元化し、周知徹底を図る必要があります。

来場者のクレームは、**来場者からのアドバイスとして聞く**ことが重要です。基本的なクレーム対応の姿勢は、次のとおりです。

クレーム対応の姿勢

① 現場スタッフは、相手の話を中断することなく最後まで親身になって聞く
② 現場スタッフは、その場での議論は避ける
③ 明確に回答ができない問題は、担当責任者が対応する
④ 担当責任者にて対応困難な場合は、事務局および主催者が対応する

6．遺失物・拾得物取り扱い業務

遺失物・拾得物の取り扱いは、専門性を必要とするサービスのため、大規模イベントの場合は、会場内に一括管理する遺失物取り扱いセンターを設置するのが望ましいといえます。事前に所轄の警察署と打ち合わせを行ったうえ、遺失物・拾得物についての取り扱いを明確にしておくことが基本となります。

遺失物届け出対応と拾得物の届け出対応のポイントは、遺失物・拾得物それぞれで、「申請書」を作成し、「遺失物・拾得物台帳」に保管することです。

拾得物は、一定の期間に該当する遺失物届け出がない場合には、警察署に移管します。

7．迷子・迷い人対応業務

　会場内で迷子・迷い人を見つけた場合の対処方法を、開催前に警察と協議し、関係者全員に情報を共有させる必要があります。
　迷子・迷い人対応業務のポイントは、以下のとおりです。

迷子・迷い人対応業務のポイント

① **迷子・迷い人の保護方法**
　迷子センターなどの保護場所や保護担当者を明確にします。

② **対処方法**
　場内アナウンスや関係者間の連絡・捜索方法を明確にします。

③ **「登録・照会記入用紙」の作成**
　迷子・迷い人の年齢や氏名、服装の特徴など、できるだけ多くの情報を収集し、「登録・照会記入用紙」に記録して、保護者・関係者への引き渡しも慎重に行うことが重要です。

8．サービスプログラム管理業務

　イベントの規模や種類によりますが、「ペット預かりサービス」「宅配サービス」「手荷物預かりサービス」「銀行・郵便サービス」など、来場者の利便性を考慮した様々なサービスプログラムの運営を管理します。

第13節 リスクマネジメントと安全管理

13-1 イベントにおけるリスク

1. リスクの定義と基本対策

　リスクとは、一般的には、個人や組織に損害を生じさせる事態（危険や危機）のことですが、2001年に公示されたJIS Q2001では、「**事態の発生確率とその結果の組合せ**」と定義しています。
　一方、国際規格であるISO31000をもとに、2010年に公示されたJIS Q31000:2010では、リスクの定義を「**目的に対する不確かさの影響**」としています。
　定義の変化はともあれ、リスクには2つの大きな特徴があります。1つは、「**リスクの大きさは、その結果の受け手によって異なる**」という点と、もう1つは、「**リスクは時間経過や環境の変化に伴い常に変化する**」という点です。

　これらをふまえたうえで、未来は不確実であると考え、リスクの発生とその結果を冷静に客観的に予測し、合理的に対処しようとするのが、**リスクマネジメント**の考え方です。
　リスクマネジメントでは、リスクの特徴に対応する手法をプログラム化しています。「受け手によるリスクの大きさの違い」という特徴に対しては、十分なリスクの分析と評価を行うことを、「時間経過や環境の変化に伴い常に変化するリスク」に対しては、リスクを監視し、変化に速やかに対応するための手法をプログラム化しています。

　また、リスクへの基本的な対策は、対策が果たす役割や機能によって、「**回避**」「**移転**」「**低減**」「**保有**」に分類することができます。

> **リスクへの基本的な対策の4分類**
>
> ① **リスク回避**
> 　リスクの発生要素をなくすことです。例えば、火災を回避するために、燃えるものを撤去するというような対策です。
>
> ② **リスク移転**
> 　リスクによる損害負担を他者と分担することであり、保険が代表的なものです。
>
> ③ **リスク低減**
> 　対策を講じることによって損害を低減させることです。例えば、火災の損害を低減させるために、消火器の配置や防火壁を設けるといったことです。
>
> ④ **リスク保有**
> 　リスク対策費用とリスク発生による損害負担費用を比較するなど、様々な条件を勘案したうえで、あえてリスク対策を講じないで、リスクをそのままにしておくということです。

2．イベントのリスクの多様性

　イベント会場やその周辺では、過去に多くの事故が起きています。
　2001年に起きた兵庫県明石市の市民夏まつり花火大会では、会場へ通じる歩道橋で事故（死者11名・負傷者247名）が発生し、イベントの雑踏事故という点で大きな社会問題となりました。また、2013年京都府福知山市の花火大会では、花火大会会場にて臨時営業を行っていた屋台で爆発事故（死者3名・負傷者55名）が発生し、屋外イベントに関連して出店する屋台などへの防火管理や保険加入などの課題を浮き彫りにしました。
　その他にも、博覧会会場のウォーターライド（水路を移動する乗り物）の落下事故、野外コンサートステージの強風による倒壊、会場施設のエスカレーターへの来場者の殺到による負傷事故、空調設備の不備によって気分の悪くなった観客が倒れる事故、国宝級の展示物への来場者による破壊行為、海外から招聘した著名ミュージシャンの入国禁止に伴うコンサート中止、スポーツ競技大会における応援団や観客同士の乱闘など、イベント関連の事故はあとを絶たず、その都度マスコミで取り上げられてきました。

第4章　イベントの運営とマネジメント

　　イベントは「事故」というリスク（危険・危機要因）を常に抱えながら開催されているといえます。

　　イベントのリスクは事故だけではありません。準備が開催期日に間に合わず、参加者や来場者に多大な迷惑をかけることも、入場チケットが計画どおり販売できず収支が赤字になることも、設備機器や演出機器の不具合によるプログラムの中断・中止も、出演・出場者の遅刻によるプログラムの変更や遅延も、イベントのリスクです。
　　このように、イベントには多種多様なリスクが存在しています。

3．イベントのリスク要因

　　イベントのリスク要因は、イベントに限らないすべての物事に共通の基本的リスク要因と、イベントの開催・運営に伴うリスク要因に分けて考えることができます。

（1）イベントの基本的リスク要因

　　イベントの基本的リスク要因（危険要因）は、自然災害原因、人的事故原因、特殊事故・事件原因に分けられます。また、人的事故原因はさらに内部人的原因と外部人的原因に分けられます（図表4－6参照）。
　　自然災害原因のリスクと特殊事故・事件原因のリスクは、事前にその発生を防ぐことはできないため、発生した場合にどのように対処するかがリスクマネジメントの主たる課題となります。一方、人的事故原因（内部人的原因）のリスクは、その発生を未然に防ぐことが可能であり、発生を防ぐことと発生した場合の対応がリスクマネジメントの課題となります。

第13節　リスクマネジメントと安全管理

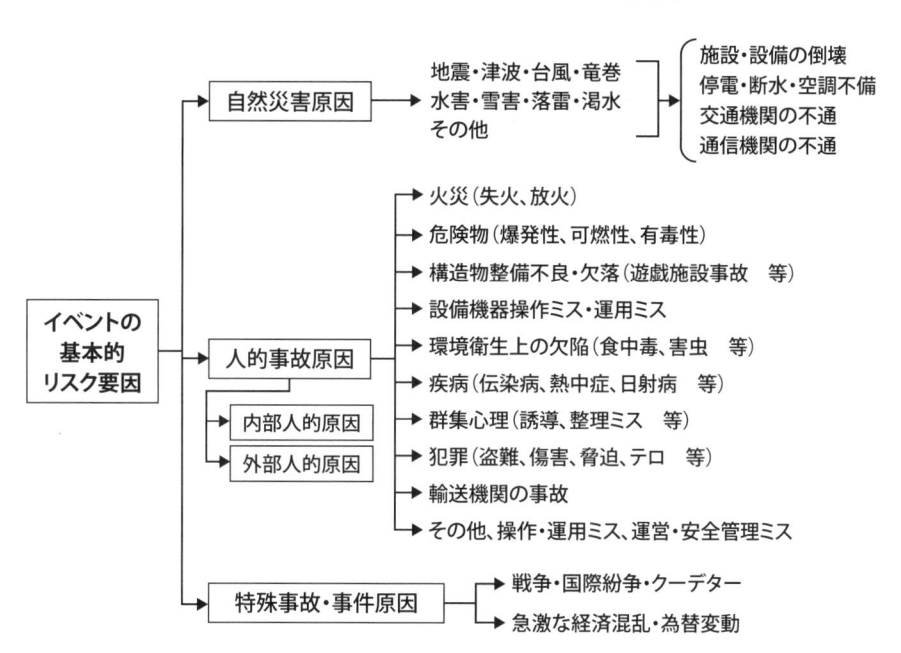

図表4-6　イベントの基本的リスク要因

```
                                    ┌→ 地震・津波・台風・竜巻      ┌ 施設・設備の倒壊
                    ┌ 自然災害原因 ─→ 水害・雪害・落雷・渇水    │ 停電・断水・空調不備
                    │               └→ その他                  ┤ 交通機関の不通
                    │                                          └ 通信機関の不通
                    │
                    │               → 火災(失火、放火)
                    │               → 危険物(爆発性、可燃性、有毒性)
                    │               → 構造物整備不良・欠落(遊戯施設事故　等)
                    │               → 設備機器操作ミス・運用ミス
  イベントの        │               → 環境衛生上の欠陥(食中毒、害虫　等)
  基本的       ─┼ 人的事故原因 ─→ 疾病(伝染病、熱中症、日射病　等)
  リスク要因        │  ┌ 内部人的原因  → 群集心理(誘導、整理ミス　等)
                    │  └ 外部人的原因  → 犯罪(盗難、傷害、脅迫、テロ　等)
                    │               → 輸送機関の事故
                    │               → その他、操作・運用ミス、運営・安全管理ミス
                    │
                    └ 特殊事故・事件原因 ─→ 戦争・国際紛争・クーデター
                                        └→ 急激な経済混乱・為替変動
```

（2）イベントの開催に伴うリスク要因

　イベントは、開催・運営の各段階、つまり企画・計画段階、制作推進段階、実施・運営段階に様々な業務があり、それぞれが大きな問題に発展するリスク要因であることを認識しなければなりません。一つひとつの業務に着実に対応しておくことが、リスクマネジメントの基本となります。

　それぞれの段階での主なリスク要因は、以下のとおりです。

イベントの各段階における主なリスク要因

① 企画・計画段階
　開催日程や開催時間のスケジュール設定のミス、立地や会場施設選択のミス、資金不足や経営計画の不在など

② 制作推進段階
　会場施設設営・施工スケジュール管理ミス、会場施設・設備・使用機材の確認ミス、スタッフ配置計画のミス、出演者の条件確認などの管理ミス、警備計画・清掃計画のミス、広報・宣伝計画のミスなど

③ 実施・運営段階

設営・施工物の仕上がりチェックミス、実施直前のスタッフ教育不足、リハーサル不足、来場者の予定外の行動への対応ミス、産業廃棄処理の確認ミス、事故発生後の広報対応ミス　など

13-2　イベント会場のリスクマネジメント

1．イベントのリスクマネジメントの特性

リスクマネジメントシステムは、①**リスクマネジメントシステム構築・維持のための枠組みと組織体制の確立**と②**リスクマネジメントシステムを維持・運用するための手段・枠組みを用意する**ことを前提とし、③**リスクマネジメント・プロセスを明確化し、PDCA サイクルとして運用し**ます。

このリスクマネジメント・プロセスの内容（PDCA サイクルプロセス）は、次のとおりです。

▶ PDCA サイクル
仕事を効果的に進める手法の１つで、「Plan（計画）→ Do（実行）→ Check（評価）→ Act（改善）」の４段階の活動を、サイクルとして繰り返し行うもの。

リスクマネジメント・プロセスの内容（PDCA サイクルプロセス）

Plan プロセス

リスクマネジメントの組織体制を構築し、リスクマネジメント方針を確立したうえで、

- リスクの分析……リスクの「発見→特定→算定」というプロセスで行う
- リスクの評価……リスクの算定結果から、対応の要否と内容を判断する
- リスクマネジメントの目標設定……リスクマネジメント活動の目標を設定し文書化する
- リスク対策の選定……「事前対策」「緊急時対策」「復旧対策」の３つがある
- リスクマネジメント・プログラム（行動計画）の策定

という流れで計画します。

Do プロセス
　策定されたリスクマネジメント・プログラム（行動計画）にしたがって、具体的な施策を実施します。

Check プロセス
　リスクマネジメントシステムの評価は、リスクマネジメントそのもののパフォーマンス評価とシステム全体の有効性評価によって行います。

Act プロセス
　パフォーマンス評価や有効性評価の結果に基づき、リスクマネジメントシステムの是正・改善を行い、次の Plan プロセスに反映していきます。

2．イベント会場のリスクマネジメントのポイント

　イベント会場のリスクマネジメントの主たるものを次に挙げます。

（1）リスクマネジメント組織体制の確立

　部門・部署・プログラムごとのリスク管理担当責任者を明確にし、全スタッフへリスク管理意識を徹底して、**「縦の連携による指揮命令系統」**と**「横の連携によるチームワーク体制」**を確立します。

（2）リスクコミュニケーションの徹底

　リスクコミュニケーションとは、リスクに関する情報を関係者の間で交換・共有し、相互理解を図ることです。

① 報・連・相の徹底
　会場運営スタッフの「報告・連絡・相談」を小まめに実行するよう徹底します。

② 外部との情報の受発信
　緊急時の警察・消防への通報はもとより、会場近辺の異変（火災や交通事故・渋滞・遅延など）や台風・震災などの自然災害の情報をいち早く入手できる体制をとっておく必要があります。

（3）来場者情報の重視と臨機応変な案内・誘導の実施

　どのような来場者（性別・年齢・属性など）が、何人ぐらい来場して、どのような行動をとっているかを的確に把握し、安全確保のための臨機応変な案内・誘導を行う必要があります。

（4）来場者への情報提供と協力依頼

　会場の状況に関する情報を得られない来場者は、不満と不安を感じ、混乱を引き起こす原因となります。アナウンスやサイン表示で積極的に情報を提供し、来場者の理解と協力を求めます。

（5）開場時の入口ゲート付近の警備の徹底

　開場時の入口ゲート（入場受付）付近では、一時に多数の来場者が集中する最もリスクの高い状態が生じます。十分な要員配置と積極的な情報提供、案内・誘導が必要です。

（6）避難口・避難経路のチェック

　避難口や避難経路のサイン表示は、はっきりと誰にでもわかるようになっているか、荷物が置いてあったり、演出機材などで塞がれていないかなど、定期的にチェックする必要があります。

（7）緊急時体制のチェック

　緊急事態における基本的な行動内容の確認や、傷病者への対処法および救急箱や担架、車いすなどの備品のチェックは開催中定期的に行う必要があります。

（8）イベントの中断・中止判断基準の設定

　重大な緊急事態が発生した場合は、イベントを中断・中止し、来場者を速やかに会場内の安全な場所や場外に避難誘導しなければなりません。イベントの中断・中止の意思決定はなかなかできないものですが、明確な事態・事由と判断基準を「**危機管理マニュアル**」に明記し、それに基づく迅速で的確な意思決定ができるようにしておかなければなりません。

13-3 イベントと保険

　リスクに対する基本的な対策には、「リスク回避」「リスク移転」「リスク低減」「リスク保有」があることは先に述べましたが、保険はこのうち、「リスク移転」の代表的なものです。

1．イベント関連の各種保険

（1）賠償責任保険（賠責保険）

　事故などにより、第三者に対する賠償責任が発生したときのための保険です。

賠償責任保険（賠責保険）の例

① **施設管理賠責**
　　運営管理ミスによる損害賠償
② **受託者賠責**
　　クロークなどで預かったものの損害賠償
③ **請負賠責**
　　会場の設営・施工工事中のミスによる損害賠償

（2）傷害保険

　事故などによる人のけがを補償する保険です。

傷害保険の例

① **施設入場者傷害保険**
　　施設の来場者などのけがを補償。主催者のミスではなく、来場者が自らけがをした場合でも補償される。
② **業務関係者傷害保険**
　　労災保険に加入していなかった場合や、労災保険では充足できない補償が必要な場合に有効な保険

---

(3) 財物保険

事故や災害により、所有する財物（ざいぶつ）に損害があったときのための保険です。

財物保険の例

① 動産総合保険
　展示物の盗難や破損、展示ディスプレイや音響・照明・映像機器の来場者による破損、運送途中での破損などの損害補償

② 火災保険
　所有・利用・管理する展示施設やブース・展示物に火災等があった場合の損害補償

③ 建設組立工事保険
　仮設展示施設や建築材料などの工事中の破損、盗難、失火などの損害補償

---

(4) 興行中止保険

自然災害や各種の不可抗力によって興行ができなかった場合の損害を補償する保険です。

TOPICS　労災保険

　上記の保険はいずれも任意保険ですが、それとは別の強制保険として「労災保険」があります。

　労災保険は、労働者が業務上の理由で、また通勤中に災害にあった場合に保険給付が行われる制度で、原則的に労働者が1人以上いる事業場は加入しなければなりません。加入は事業場ごとに行い、すべての労働者が対象となります。

　しかし、海外で行うイベントで、現地で災害にあった場合は、労災保険が適用されるのでしょうか……？

　それは、その業務が、国内の事業場に所属する「海外出張」とみなされるか、海外の事業場に所属する「海外派遣」とみなされるかによります。前者であれば労災保険が適用されますが、後者は適用されません。よって、「海外派遣」業務の場合は、別途「特別加入」を行うか、「海外傷害保険」などの任意保険に入ることが推奨されます。

2．イベント保険

　イベントの作業内容は多岐にわたるので、**「代表的なリスクによる損害を補償する包括的な保険」**をかけておくのが便利です。イベントに関するこのような保険が**「イベント保険」**です。
　イベントの内容によりリスクの大小が異なるので、イベント保険はイベントごとにリスクをきめ細かく算定し、いわばオーダーメイドで組む必要があります。

第14節 これからのイベントマネジメント

14-1 イベントとコンプライアンス

1. コンプライアンスの考え方

　現在、企業経営において、**コンプライアンス**の考え方がすっかり定着し重要視されています。イベントの企画・制作・運営マネジメントにおいても、コンプライアンスは欠かすことのできない重要な考え方です。
　コンプライアンスとは、一般に「**法令遵守**」という意味で理解され広まり、主に企業経営におけるリスクマネジメントの一環として積極的に取り組まれるようになりました。

2. コンプライアンスの幅広い意味

（1）コンプライアンスの考え方の広がり

　コンプライアンスの意味は、ただ単に「法令を守ればよい」という意味だけではありません。コンプライアンスには、「**社会的な規範や通念、倫理の遵守**」という意味もあり、法令遵守とともに重要視されています。つまり、企業はよき企業市民として地域社会の良識や倫理的・道徳的通念も守らなければならないということです。
　また、企業経営のコンプライアンスでは、「**社内規範・業務規範や職業倫理の遵守**」も重要視されており、その目的は社員の労働環境を守り、製品の品質や生産性の向上を実現することにあります。
　イベントの企画・制作・運営においても同様であり、コンプライアンスはイベントのリスクマネジメントに必須の考え方だといえます。

▶企業市民
企業は利益の追求をするばかりではなく、個人と同様に、社会を構成する一市民としての自覚をもたなければならないという考え方。

第14節　これからのイベントマネジメント

（2）コンプライアンスが重要視される背景

では、なぜこのようにコンプライアンスが重要視されるのでしょうか。
それは、次のような現代における社会的な背景があるからです。

コンプライアンスが重要視される社会的背景

① **法治国家・法化社会に対する考え方の変化**
　規制緩和政策や自己責任が強調される傾向があり、行政による事前規制から司法による事後規制へと考え方が変化している。

② **競争市場社会**
　競合相手に隙を見せず、かつ、市場における信頼性ある企業・団体のイメージを確保することが極めて重要な時代になった。

③ **高度情報社会**
　高度情報社会の出現によって、法規・規範からの逸脱行動が発覚しやすくなり、また、IT活用のリスクや責任が増大した。

④ **個人社会の進展**
　旧来の集団・組織の論理から個人の倫理の重視へと、人々の価値観が大きく変わった。

⑤ **国際化社会の進展**
　現代の企業活動の多くは海外と密接に関係しており、グローバルスタンダードへの対応に対する要請が極めて高くなった。

図表4-7　コンプライアンスの理解

※参考（枠内、図表とも）浜辺陽一郎『図解コンプライアンス経営』／東洋経済新報社／2003

■コンプライアンスとは
「法令と社会的規範、倫理、および社内規範・業務規範の遵守」

■コンプライアンスが重要視とされる背景

法化社会	競争社会	高度情報社会	個人社会	国際化社会
＊行政による事前規制から、司法による事後規制へ	＊隙を見せない　＊信頼性ある企業イメージの確保	＊IT活用によるリスクと責任の増大	＊集団・組織の論理の重視から個人の倫理の重視へ	＊グローバルスタンダード対応に対する要請の高まり

■コンプライアンスの内容

- 社内規範・業務規範の遵守（品質と生産性の向上とリスク管理）
- 企業倫理・職業倫理の遵守（信頼性イメージの獲得）
- 法規範の遵守（プロフェッショナルとしての基本能力）

3．イベントのコンプライアンスの特性

（1）イベントの関連法規は多種多様に存在する

　イベントのコンプライアンスはマネジメントしにくいといわれます。多種多様な業種・業態の協働・統合によってつくられるイベントには、その業種・業態ごとに関連する法規があり、イベントごとに制作・運営する業種・業態が入れ替わるので、関連する法規を絞り込むことができないという点が大きな理由です。

（2）イベントの関連法規はそのつど新たに調べなければならない

　イベントには、時代の変化に対応すべく、常に創造性や新奇性が求められます。したがって、イベント業務の多くは新技術の開発・利用や特殊な空間利用など、例外事項が発生しやすく、そのつど関連法規の有無を調べなければなりません。

（3）社会的常識や規範の重要性

　イベントはすべて、規模の大小の違いはあっても、「**社会的なコミュニケーションの手段**」であり、常に社会的常識や規範を重視し、守る必要があります。そのことによってはじめて、主催者や参加者のイメージ向上に役立つ効果的なコミュニケーションが可能となります。

14-2 イベントづくりに関する規制

イベントづくりに関する「規制」とは、イベントの企画・計画、制作推進、運営の各業務のなかで「つくってはいけないもの」や「やってはいけないこと」についての「きまり」のことです。イベントづくりには守らなければならない様々な規制があります。

規制には、基本的には、「**法令による法規制**」「**契約による契約規制**」「**社会的規範・通念・倫理による倫理規制**」の3種類があります。

ここでは、明確な法令条文や契約書に基づく規制である**法規制**と**契約規制**について解説します。理解するうえでのポイントは、「誰による、どのような規制があるか」を知ることです。

1. 行政による法規制

イベントは、非日常的な社会的行為であり、特定の空間と時間に多数の来場者を集め、様々なプログラム（表現行為）を行うなどの特性から、関わる法規制は数多くありますが、基本的には**周辺環境規制**、**施設環境規制**、**事業環境規制**の3つです。

（1）周辺環境規制

イベントが、会場周辺環境に悪影響を及ぼさないようにするために、行政機関が法令による許認可権で規制を行っています。主たる規制対象には、建築基準法の**用途地域規制**（建築物の用途を地域別に制限すること）、公害防止条例の**騒音規制**、道路交通法による**道路交通規制**、屋外広告物条例による**広告物規制**などがあります。

（2）施設環境規制

イベント会場・施設および設営施工の**安全基準**に関する規制で、根拠となる法令の代表的なものに**建築基準法**や**消防法**があります。また、障

がい者のための**施設整備基準**などが行政指導として行われています。規制の対象は、施設の構造と強度や使用素材などがあり、不特定多数の来場者を集める大規模イベントの場合は、消防署や警察署の査察がある場合もあり、悪質な場合は中止命令が出されます。

（3）事業環境規制

ここでいう事業とは、不特定多数の人を集めて行う映画、演劇、演芸、コンサート、プロスポーツ競技などの「**興行**」のことで、そのための施設は、**興行場法**や**食品衛生法**などによる規制を受けます。これらの既存施設をイベント会場として使用する場合には、施設が法令によって課せられている規制を守らなければなりませんが、逆に新たに許認可を取る必要はありません。ホールや劇場などの既存施設をイベント会場として利用することのメリットはここにあります。

2．会場施設管理者や公益法人による契約規制

契約規制とは、イベント会場施設の管理者や、社会的に有用であると公に認められた公益法人・団体との契約に基づく規制です。会場施設の使用申し込み手続きや、音楽作品・美術作品を使用する場合の著作権管理団体への使用手続きも一種の「契約」として考えます。

これらの契約規制の内容は、契約者同士が勝手に取り決めるのではなく、「行政による法規制」や、「社会的規範・通念・倫理による倫理規制」などに基づいて決められるのが一般的です。

（1）会場施設管理者による契約規制

会場施設管理者が会場を貸す場合に、イベント主催者や出展者などに対して課す規制です。会場独自の会場使用者規則をはじめ、会場施設事業を行ううえで必要な規則を**契約**としてつくることが可能となっています。会場施設管理者による契約規制には、公序良俗に反する上演・展示などの「事業内容に関する規制」と、危険物持ち込み禁止などの「会場使用規制」があります。

（2）公益法人・団体による契約規制

公益法人・団体などに関連するイベントを開催した場合に、主催者や参加者に対して設けている規制です。代表的な例としては、**スポーツ競技団体**や**著作権管理団体**による規制があります。

① スポーツ競技団体による規制

一流のスポーツ選手や有力チームは、それぞれの種目の競技団体（協会）に所属し、そこの**協会規約**にしたがわなければならず、出場できる競技会の制約を受けています。

② 著作権管理団体による規制

例えば、一般社団法人**日本音楽著作権協会（JASRAC）**などの**著作権管理団体**に加入している音楽家の作品をイベントで使用する場合には、**著作権管理契約**に基づき、一定の使用料を支払わなければなりません。

美術作品の場合には、**日本美術著作権機構（APG-Japan）**などが管理しています。

（3）主催者による契約規制

イベントの主催者が行う規制です。参加者や来場者の安全確保と円滑なイベント運営を目的とし、制作者、参加者、来場者に対して、次のような規制を行っています。

イベントの主催者が行う規制の例
- 見本市・展示会における出展者ブースの構造（高さや開口部分の長さ）の規制
- カメラ、ビデオ、レコーダー等の会場内への持ち込み禁止や撮影禁止規制
- 未就学児童や泥酔者の入場禁止など観客行動に関わる規制
- 人や車の混雑・騒音など周辺環境の保全に関わる規制
- 入場制限・会場整理など安全に関わる規制
- 博覧会におけるパビリオンの構造（高さ・幅・材質）に関わる規制

14-3　警察署、消防署、保健所による法規制

　イベントの企画・計画、制作推進、実施・運営に最も関係の深い規制は、警察署、消防署、保健所による規制です。ここでは、その主たるものを挙げます。

1．警察署によるイベント関連の主な法規制

　イベントの企画・計画、制作推進、実施・運営において、警察署に関係する法規制としては、主に**道路法**と**道路交通法**があります。また、表現に関わる規制には**わいせつ物陳列罪**があります。

（1）道路に関する法令……道路法と道路交通法

　イベントのように特別な目的のために道路を使用する場合、道路法では「**道路の占用**」、道路交通法では「**道路の使用**」といいます。道路法の「道路の占用」が工作物や物件、施設そのものを対象としているのに対し、道路交通法の「道路の使用」とは、使用する行為（例えばパレードや神輿の渡御などのイベント）そのものを主な対象としています。
　イベントで道路を使用する場合には、**道路管理者**や所轄の**警察署**に対し、イベント開催の手続きと申請が必要になります。具体的には、**道路占用許可**と**道路使用許可**の2つの手続きが必要になりますが、双方の許可が必要とされる場合は、その許可申請を道路管理者、または所轄の警察署のいずれか一方に提出すればよく、窓口の一本化が図られています。

（2）わいせつ物陳列罪によるイベント内容規制

　一般的に「**わいせつ物陳列罪**」が適用された場合、重い懲役や罰金が科せられます。また、わいせつ物陳列は判定基準が明解になっていないため、判断が非常に困難です。そのため、わいせつ物陳列罪に該当すると警察が判断した場合、検挙の前に警察より警告・指導があります。

2．消防署によるイベント関連の主な法規制

（1）法規制の概要

　イベントに関わる消防規制には、**消防法**に基づく**建築規制**などがあります。具体的には、火災を未然に防ぐための**消火設備**や**非常口**、**避難通路の確保**を義務づけ、火災の誘因となる**裸火**などの使用を制限しています。また、イベントの開催申請をするにあたっては、消火設備数、消火設備の位置、非常灯、禁煙サイン、非常口、避難通路、観客席、通路幅、喫煙場所や灰皿の設置、また建築物の構造などが確認され、不備があれば指導されます。

　ただし、あらかじめ**興行場**として建築申請の許可を受けている施設を使用する場合は、申請が不要なことは、既に述べたとおりです。博覧会などで建設するパビリオンなどの**仮設建築物**も、基準は基本的に同じです。

◀裸火（はだかび）
覆いや囲いがない、むき出しの火のこと。

（2）イベント開催に必要な手続き

　イベントを実施する場合、**催物開催届出書**、催物開催中における会場管理計画などの申請書類を所轄の消防署長へ提出します。また、東京都の場合は、**東京都火災予防条例**による、**危険物規制の許可に関する申請書**などを消防署へ提出します。その他、花火などの打ち上げに関しては、「**煙火の打ち上げ届出書**」の提出が義務づけられています。

◀煙火（えんか）
煙と火。花火。

（3）会場内で裸火や危険物を使用する場合の手続き

　東京都の場合、**東京都火災予防条例による危険物品規制**の対象となるのは、ロウソク、少量のガソリン、薪能のかがり火などがあります。これらを使用する場合は、興行場、仮設建築物、屋外などの別にかかわらず、**禁止行為の解除承認申請書**などの申請書を提出し、許可を受けることが必要です。

◀薪能（たきぎのう）
一般に、夜間、薪の火を照明として野外で演じられる能楽のことをいう。

3．保健所によるイベント関連の主な法規制

（1）興行場

　映画、演劇、音楽などを観客に見せたり聞かせたりする施設を**興行場**といいます。その営業にあたっては、設置場所や建物の構造・設備などが**公衆衛生**上、不適当であってはならないため、**興行場法**に基づき都道府県知事の許可を得なければなりません。

　興行場が衛生基準にしたがって運営されているかどうかの検査は、保健所の環境衛生監視員によって行われ、違反していた場合は営業許可が取り消される場合があります。

　集会所などで行われる無料の催しであっても、それが反復・継続して行われるものであれば、興行場法の対象となり得ます。

　興行場法の対象にならないイベントには、1カ月に4日以内の興行しか行わないもの（定期興行は除く）や、販売を目的としたもの、テレビの視聴者参加番組のような収録を目的としたものなどがあります。

（2）食品衛生法による食品営業規制

　イベント会場内で飲食店、もしくは飲食品提供サービスコーナーなどを営業する場合には、食品衛生法による食品営業規制があるため、保健所の許可を必要とします。また、一般に食品を販売する場合とイベント会場内の来場者を対象とした**移動式飲食店**に関しても、仮設施設と同等の設備が義務づけられています。

　ただし、イベント会場でもよく見受けられる次の行為は、食品営業規制の対象ではなく、許可を取得する必要はありません。

食品営業規制の対象にならない例

・食品サンプルの配布（サンプリングサービス）
・食品の試食会（直接的販売行為とみなされない）
・調理不必要品（菓子、スナック類など）
・許可を得た食品専門業者によるケータリング（パーティーなどの料理やサービスの提供）
・缶ビール、缶ジュースなど（ただし、コップに注いで渡すと飲食扱いになる）
・学生が学園祭などで行う模擬店（営業外目的とみなされる）

第14節　これからのイベントマネジメント

> **TOPICS**　トイレの便器の必要設置個数
>
> トイレの便器の必要設置個数は、床面積などに応じて定められます。
>
> 床面積によって便器の数が定められる例
>
> 観覧場の床面積　　　　　　　便器の数
> 300m² 以下の部分　　　　　　＝ 15m² ごとに 1 個
> 300m² ～ 600m² 以下の部分　＝ 20m² ごとに 1 個
> 600m² ～ 900m² 以下の部分　＝ 30m² ごとに 1 個
> 900m² 以上の部分　　　　　　＝ 60m² ごとに 1 個　（すべて小数点以下切り上げ）
>
> 例）観覧場床面積が 1000m² の場合
> 300 ÷ 15 ＝ 20……①　　（600 － 300）÷ 20 ＝ 15……②　　（900 － 600）÷ 30 ＝ 10……③
> （1000 － 900）÷ 60 ＝ 1.666…→ 2……④　　①＋②＋③＋④＝ 47
> ➡ 47 個（内訳…女子：大 24　男子：大 4・小 19）
> ※男女ほぼ同数とするが、比率は変えられる
> ※男子の大便器は小便器 5 個以内ごとに 1 個設ける
>
> ※参考　品川区保健所『興行場のてびき』

14-4　各種のイベント関連法規

1．著作権と肖像権

（1）著作権

　イベントの企画・制作業務で注意しなければならないのが、**知的財産**に関する法規です。その基本は他者の知的財産（**著作権**、**意匠権**、**商標権**、**特許権**、**実用新案権**など）を侵してはならないということであり、他者の知的財産を利用する場合には適切な法的手続きを踏み、適切な使用料を支払う必要があります。

　著作権とは、文芸、美術、学術、音楽等の創作物を保護し、著作者の権利を守るものです。この権利は、著作者の死後一定期間（日本では、原則50年）保護されます。

　著作権のある著作物を他者が使用する際には、著作権者の許諾を得る必要があります。著作物の使用の種類としては、著作物の複製、上演、演奏、放送、口述、展示、翻訳などがあり、イベントのプログラムのほとんどが該当しています。

　また、著作権に関連するものとしては、**著作隣接権**があります。これはミュージシャンなどの音楽関係の実演者（歌唱者を含む）や、漫才、落語、奇術等の演者、およびレコード制作者、放送事業者、有線放送事業者など、著作物を「伝達した者」が、その演技や制作物に対して有する権利で、保護期間は実演や作品発表後50年となっています。

（2）肖像権

　肖像権は人格権の1つで、無断で描かれたり撮影されたりした自己の肖像を、一般に公表されるのを拒否できる権利です。

　特に、広告表現や出版・放送表現として肖像を使用する場合には注意が必要とされ、個人はその肖像をみだりに使用されない権利（人格権）と、肖像の利用について、その対価を請求する権利（財産権）があります。

　イベントの場合、出演者や来場者・観客の顔（肖像）が明確に写っている写真の使用や転用には、写っている人の了解を得るなど、十分な配慮が必要です。

2. 個人情報保護法

　個人情報保護法とは、2005年に施行された、個人情報を取り扱ううえでのルールを定めた法律です。ここでいう個人情報とは、「**生存する個人の情報であって、当該情報に含まれる氏名、生年月日その他の記述等により特定の個人を識別できるもの**」のことであり、また、その情報だけでは個人を特定できなくても「**他の情報と容易に照合することができ、それによって特定の個人を識別できるもの**」も個人情報とされます。

　個人情報保護法が制定された背景としては、高度情報社会が挙げられます。現代では、個人情報をデータ化しコンピュータ処理することで飛躍的に便利になりましたが、一方で個人情報が漏れる危険性も高まりました。情報が外部に漏れ、第三者に利用されれば、データは次々と不特定多数の人に広がってしまいます。このような事態になれば個人のプライバシー侵害の危険性は明らかです。

　大量の個人情報を取り扱う企業や団体にとって、個人情報の漏えいは業務に支障を生じさせるばかりでなく、損害賠償請求といった金銭的損失や社会的信用を失うといったダメージにつながります。企業や団体にとっても、個人情報の厳しい管理が必要となっています。

　イベントの告知・集客業務においては、招待客リストや来場者リストを作成しますが、それらリストの取り扱いには十分な注意が求められます。基本的な注意点は、以下のとおりです。

個人情報記載リストの取り扱い注意点

適正な作成…氏名・住所・電話番号・メールアドレス等の個人情報を適正に取得する
目的外使用の禁止…目的（この場合、告知・集客）以外の販売や宣伝のために使用しない
厳重な保管…データはアクセス制限・暗号化を行い、記憶媒体や書類を施錠管理のうえ社外持ち出し禁止とする
確実な廃棄…プリントアウトやコピーされたリストは、業務の終了後にシュレッダーにかけたり焼却したりして確実に廃棄する

3．バリアフリー新法

バリアフリー新法は、正式には「**高齢者、障害者等の移動等の円滑化の促進に関する法律**」といい、従来からあったハートビル法と交通バリアフリー法とが統合され 2006 年に施行されました。

法律の趣旨は「高齢者、障害者等の自立した日常生活および社会生活を確保することの重要性にかんがみ、(中略) 高齢者、障害者等の移動上および施設の利用上の利便性および安全性の向上の促進を図り、もって公共の福祉の増進に資する」となっています。

現在の日本は超高齢社会であり、この法令は不特定多数の来場者を対象とするイベント会場施設にとっても無縁ではありません。イベントに関係の深い施設である劇場、観覧場、映画館、演芸場、集会場、公会堂、展示場、体育館、博物館、美術館、ホテルなどは、一定規模以上のものを新築等する場合、「建築物移動等円滑化基準」（バリアフリーの最低限のレベル）に適合させることが義務づけられました。

▶超高齢社会
一般に、総人口に対する 65 歳以上の人口が占める割合を高齢化率といい、高齢化率が 7％を超えると「高齢化社会」、14％を超えると「高齢社会」、21％を超えると「超高齢社会」とよんでいる。日本は 2007 年に 21.5％となり、「超高齢社会」になった。

4．暴力団対策法・暴力団排除条例

暴力団の影響から市民の安全や平穏を守るための法規としては、暴力団対策法と暴力団排除条例が挙げられます。前者は暴力団の様々な活動や営業行為を規制している点、後者は市民側の責務も明記している点が特徴といえるでしょう。

イベントの企画・計画、制作推進、実施・運営担当者が特に注意しなければならないのは、暴力団とその関連会社・組織には「**下請けとして仕事を発注してはならない**」「**みかじめ料や用心棒料を払ってはならない**」ということです。

つまり、暴力団やその関連会社・組織に仕事を発注したり、その活動を助長するような行為をしたりすると、仕事の発注者側も罰せられるということです。

▶みかじめ料
暴力団が、縄張り内で営業する飲食店などに対して要求する金品。

5．その他の関連法規

（1）文化財保護法

文化財保護法は、文化財のうち、特に重要と認められるものを保存し、その活用を図って国民の文化的向上に役立てる目的のためにつくられた法律です。

その対象としては、**有形文化財**、**無形文化財**、**民俗文化財**、**記念物**、**文化的景観**、**伝統的建造物群**の6種類があります。イベントでは、これらの文化財を取り扱う機会も多く、法律の趣旨をよく理解し、十分な注意を払う必要があります。

（2）屋外のイベント会場の場合の関連法規

屋外にイベント会場を敷設することは多くありますが、その場合には次のような法規に抵触しないかどうかを十分に検討し、抵触する場合には法規に基づいた対処を行う必要があります。

屋外にイベント会場を敷設する際に検討すべき法規には、「**環境基本法（自然環境保全法）**」「**自然公園法**」「**都市公園法**」「**湖沼水質保全特別措置法**」「**河川法**」「**港湾法**」などがあります。

14-5 イベントのサステナビリティとレガシー

　サステナビリティという言葉を目にしたことはあるでしょうか？　近年、企業や団体の活動にサステナビリティを取り入れる流れが、国際的に強まっています。イベント分野でも2000年代より取り組みが行われていましたが、特に2012年に開催されたロンドンオリンピック・パラリンピックの成果とその影響には大きいものがありました。ここで、イベントにおけるサステナビリティと、それを体現していくものとして扱われることの多い**レガシー**を整理していきます。

1．サステナビリティ

（1）サステナビリティの概念

　サステナビリティ（sustainability）とは、「持続可能性」と訳され、「様々な活動が、今後も保ち続けられるかどうか」を表す言葉です。一般的に以下のように定義されています。

> 1．現在のニーズのために、将来のニーズを損なわないこと
> 2．社会進歩、経済活動、環境責任への永続的かつバランスのとれたアプローチ
>
> （サステナビリティの定義）

　この定義から、サステナビリティは、現在だけでなく将来を見据え、広く社会・経済・環境の観点からバランスをとることを目指す考え方であり、取り組みであることがわかります。
　特に2の考え方を整理したものとして、次ページの図表のように紹介されることが多くあります。このように、サステナビリティは、社会、経済、環境のいずれの要素が欠けても成立しないものです。

図表4−8　サステナビリティの構成要素

環境責任
(Environmental responsibility)
環境負荷低減
生物多様性
資源活用など

持続可能な
(Sustainable)

社会進歩
(Social progress)
社会整備
コミュニティ
自己実現など

経済活動
(Economic activity)
経済的自立・成長
地域・産業振興
利潤追求など

（2）イベントにおけるサステナビリティ

　一過性であり、断続的な活動であるイベントと、持続性を謳(うた)い、長期的な視点で取り組んでいくサステナビリティを結びつけることは難しいという意見もあります。

　しかし、2012年の**ロンドンオリンピック・パラリンピック**は、計画段階からサステナビリティの概念を取り入れ、評価を得た大会でした。同大会のサステナビリティチームは、「（マネジメントに）統合」「（より多くの利害関係者を）巻き込み」「インパクトをもって伝えていく」ことを基本として取り組み、イベントとサステナビリティを結びつける可能性を示しました。

　このことからも、イベントを「体感するメディア」として捉えた場合、より多くの人にサステナビリティを広めていく触媒(しょくばい)として適しているという考え方が成り立つといえるでしょう。

（3）イベント分野におけるサステナビリティの取り組み

① 制作面での統合

　サステナビリティという、将来に責任をもった視点でイベントを制作していくことで、将来を見据えた成長過程を描き、それに向けた制作面の取り組みを行うことができます。

　成長面では、「理念・目的の実現」から逆算してイベント1回ごとの成長過程を設定し、制作面ではその成長過程の達成に向けてイベントを制作していきます。そして、回を重ねるごとに「理念・目的の実現」に向かうというモデルです。次の図は、この考え方を表したものです。

図表4-9　イベントとサステナビリティの統合についての考え方

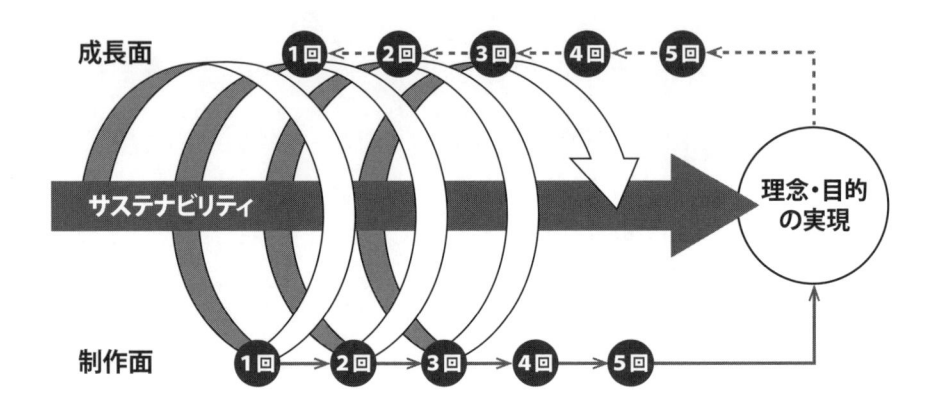

② 国際標準・ガイドラインの活用

　国際的には、サステナブルなイベントをつくるために国際標準が数多く使われています。その目的は、以下の3つです。

サステナブルなイベントをつくるために国際標準を利用する目的

・マネジメントのレベルを一定に保つ
・現代社会の課題として国際的に認知されている内容と整合性を保つ
・自身の取り組みを国際的に理解してもらう

第14節　これからのイベントマネジメント

TOPICS　サステナビリティの国際標準

　サステナビリティの国際標準は、イベント全般に関わるものと特定のイベントに限定したものがあります。規模についてはそれぞれの分野であらゆる規模を想定しており、大規模イベントに対応できる規模感と、小規模なイベントに合わせられる柔軟性を保っています。また、これらの国際標準は相互に補完する形で解説されており、すべてに対応していくのではなく、自身の立ち位置に最も近いものを活用することが重要といえます。

　日本ではイベントに携わる個々のマネジメントが優れているため、こういった国際標準的な考えを活用することは少ないのが現状です。国際標準の活用はあくまでも任意ですが、イベント産業の国際化に向き合っていくためには、新たなトレンドをつかむ必要があるといえるでしょう。

　主な国際標準は、以下のとおりです。

ジャンル	ガイド名
スポーツイベント	Sustainable Sport and Event Toolkit（SSET）
音楽イベント	The Sustainable Music Festival Guide
会議イベント	Green Meeting Guide 2009
イベント全般	Sustainable Events Guide
イベント全般	ISO 20121 : Event Sustainability Management System
イベント全般	CSA Z2010 Requirements and guidance for organizers of sustainable events
廃棄物マネジメント	Zero waste events : a 2020 vision
主催者	Sustainability Reporting Guidelines & Event Organizers Sector Supplement

　また、NGO団体 Global Reporting Initiative（GRI）が発行するレポーティングガイドライン『GRI EOSS』が、イベントのサステナビリティに関する報告の枠組みとして広く活用されています。

第4章　イベントの運営とマネジメント

2．レガシー

　近年、大規模なイベントの開催意義として語られることの多い**レガシー**について整理をします。

（1）国際規格・ガイドラインによる定義

　レガシー（legacy）は、直訳すると「遺産」を意味する言葉ですが、国際的に活用が進んでいる ISO20121 と GRI EOSS では、レガシーを以下のように定義しています。

> ▶ ISO20121
> ISO（国際標準化機構）によるイベントマネジメントの国際標準規格。持続可能性を考慮したマネジメントシステムとして注目され、ロンドンオリンピック・パラリンピックでも適用されている。

> 「イベントの後に残される結果」（ISO20121）
> 「イベントの後にも持続する効果」（GRI EOSS）
> 　　　　　　　　　（ISO20121、GRI EOSS によるレガシーの定義）

　具体例を挙げれば、1964 年の東京オリンピック・パラリンピック開催に合わせて開業した東海道新幹線は、現在も生活に欠かせないものとして社会に根づいています。この定義によれば、東海道新幹線は「東京オリンピック・パラリンピックのレガシー」と捉えられるでしょう。
　なお、上記の規格・ガイドラインには、
　「レガシーは、イベントの物理的、経済的、社会的、環境的な影響を含む。イベントの結果として新たに習得することも含まれる。例：新たな知識、訓練、基準、ベストプラクティス、技能、組織、システム、関係、パートナーシップ、イノベーション」という内容も記載されています。

▶ CSA Z2010
CSA（カナダ規格協会）による「持続可能なイベントの主催者のための仕様および指針」。2010 年のバンクーバーオリンピック・パラリンピックをきっかけに策定された。

　また、レガシーを定義しているカナダの標準規格 CSA Z2010 には、次のように書かれています。

> 「サステナブルなイベントの計画から生じる、ホストコミュニティ地域の利益となる永続的な物理的資産（住宅、設備、材料など）、イベントに伴う雇用、承認された資金、持続可能性を推進する企業の成長、および新たな能力（新たなノウハウ、トレーニング、技術、組織、システム、パートナーシップ、イノベーションを含む）」
> 　　　　　　　　　　　　　　　　（CSA Z2010 によるレガシーの定義）

　これらの定義を整理すると、主催者にとってレガシーとは「**理念・目的を具現化したもの**」と考えられます。一方で受け手を社会として捉えた場合には、レガシーとは「**持続する付加価値**」であると考えられます。

　ただし、主催者にとってのレガシーと社会にとってのレガシーは、まったく別のものと捉えるのではなく、同じレガシーを違う視点で見ているという考え方をするのが望ましいといえるでしょう。

（2）オリンピックのレガシー

　レガシーという概念を最も強く体現するイベントは、オリンピックであるといえます。オリンピックでのレガシーについて、IOC は次のように発表しています。

◀ IOC
国際オリンピック委員会。オリンピック大会を主催する組織。スイスのローザンヌに本部を置く。

> 「オリンピックレガシーには、大きく、『招致都市にもたらされるもの』と『オリンピックムーブメント全体にもたらされるもの』の 2 つがある」（IOC、2010）
> 「レガシーは一般的に『スポーツ』『社会』『環境』『都市』『経済』の 5 つのカテゴリーに分類することができる。さらに、これらのレガシーには有形のものと、無形のものがある」（IOC、2013）
> 　　　　　　　　　　　　　　　　　（IOC によるレガシーへの言及）

◀オリンピックムーブメント
スポーツを通じて心身を向上させ、友情、連帯、フェアプレーの精神を培い、相互に理解し合うことにより平和な社会を推進するという「オリンピック精神」を推進する活動。

第4章 イベントの運営とマネジメント

　IOCの定義にもあるように、レガシーにはいくつもの捉え方があります。そこで、レガシーに取り組む際に、その課題や目的、領域などを整理するために、レガシーキューブという図を用いることがあります。レガシーキューブは、レガシーを「計画的・偶発的」「ポジティブ・ネガティブ」「有形・無形」の3軸から、8つのキューブに評価・分類した三次元の図です。

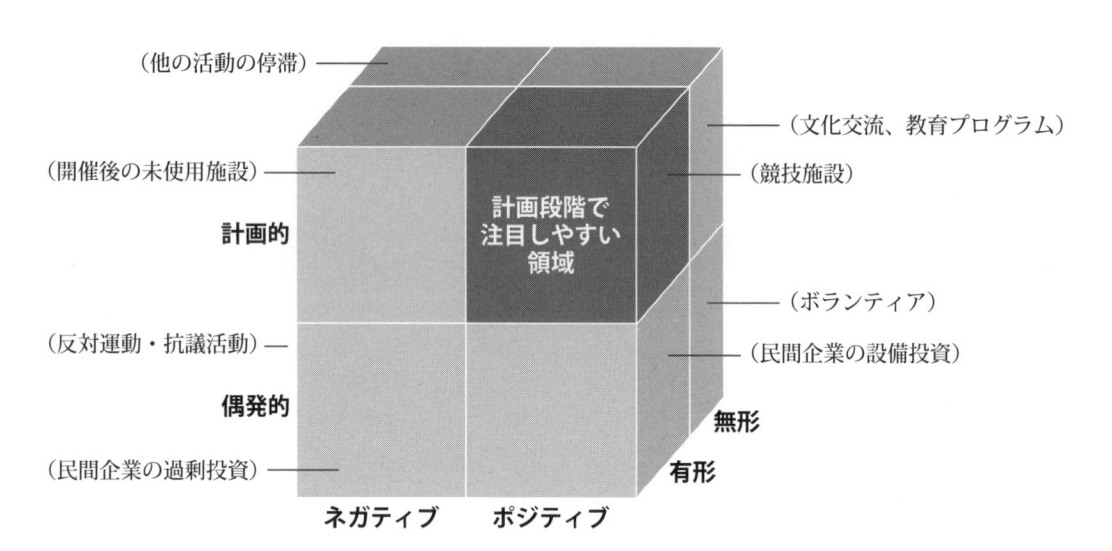

図表4－10　レガシーキューブによるオリンピックレガシーの分類

※参考　C. Gratton and H. Preuss "Maximizing Olympic Impacts by Building Up Legacies" ／ 2008

　レガシーキューブを平面図で表すと、以下のようになります。

図を見ると、レガシーのなかで主催者が主体的に取り組める計画的な範囲は限られており、その周囲に多くの偶発的なレガシーが存在していることがわかります。
　つまり、イベントのレガシーを最大化していくためには、計画的な範囲に核となる軸をつくるだけでなく、その軸をもとに周囲に多くの影響を及ぼし、機会を与えることが必要です。

　また、レガシーキューブで分類してみると、大規模なイベントであるほど、競技施設などの「計画的でポジティブな有形のレガシー」（図の濃い灰色の部分）に注目が集まる傾向が強いことが特徴として見えてきます。
　しかし、イベントにおけるレガシーとは、**レガシーをどれだけ引き起こすことができるか、ネガティブなレガシーに対応していくなかで、どれだけポジティブなレガシーに変えていけるか**が重要だといえます。

　イベントにおけるサステナビリティに取り組み、レガシーを生み出していくには、イベントに携わる、あるいは影響を受ける一人ひとりが自発的に取り組むこと、また主催者はこうした取り組みを尊重し、引き起こしていくことが求められます。

第15節 ユニバーサルイベント

15-1 多様な来場者が当たり前の時代

1. ユニバーサルイベントの背景

日本人の平均寿命が84歳（男女平均）、平均年齢が約46歳※になっている現在、イベントへの参加者の高齢化は否応なく進んでいます。

海外からの来訪者は、2014年では約1340万人と日本政府観光局が発表しました。

また、女性の社会参加が当たり前になってきた今、妊産婦や子育て中の就労、子連れの社会活動も増加しています。

2014年に日本でも批准された「**障害者権利条約**」に先立って、障害者雇用率が2％になり、2018年からは精神障がい者の雇用が義務化されると、さらに雇用率はアップされます。また、2016年に「**障害者差別解消法**」が施行されれば、障がいのある人の就職や交通機関の利用、イベント参加はますます増加すると予想されます。

こうした社会状況のなか、イベントへの来場者の多様性が進んでいます。そのため、イベントの企画時から、来場者の多様性に配慮した運営ができる企画・計画が必須になります。

2. ユニバーサルイベントとは……特別対応から、当たり前に一緒の対応へ

イベント開催時に障がい者への配慮を「**特別対応**」していた時代から、障がい者、高齢者が、みんなと一緒に「**当たり前**」に参加できるイベントが普遍化してきています。

※ 平均寿命はWHO「世界保健統計」（2014年版）より、平均年齢は国立社会保障・人口問題研究所「日本の将来推計人口（2012年1月推計）」より

▶障害者権利条約
あらゆる障がい者（身体障がい、知的障がいおよび精神障がい等）の、尊厳と権利を保障するための人権条約。ユニバーサルデザインの観点をふまえた施設整備などの「合理的配慮」を求めている。

▶障害者差別解消法
すべての国民が、障がいの有無によって分け隔てられることなく、相互に人格と個性を尊重し合いながら共生する社会の実現に向け、障がいを理由とする差別の解消を推進することを目的とした法律。施行は一部の附則を除き2016年4月1日。

ユニバーサルイベント協会では、ユニバーサルイベントを次のように定義づけています。

> 来場者の普遍性への対応構造をもったイベント
> イベントに来場・参加を希望するすべての人々が、年齢、国籍、性別、LGBT、使用言語等の違いにかかわらず、高齢者も障がいのある人も、みんなと一緒に、快適に来場・参加でき、豊かで充実したイベント体験が享受（きょうじゅ）できる、会場構造と施設機能と運営体制をもったイベント。
> （ユニバーサルイベントの定義）

ユニバーサルイベントで重要なのは、「**高齢者や障がいのある人など様々な特性のある人々が、みんなと一緒に来場・参加できる**」ということであり、そのための「**会場構造と施設機能と運営体制**」を整備するということです。決して「高齢者や障がい者のためのイベント」、すなわち福祉イベントのことを意味するものではありません。「高齢者も若い人も、外国人も、障がいのある人もない人も、誰もが一緒に、来場し体験できるイベント」を「ユニバーサルイベント」としています。

3．障がいは誰にでもあり、障がい者は環境によって生まれる

「ユニバーサルイベントは福祉イベントではない」という大きな理由は、障がいとは何かと考えると明らかになります。

① 誰でも障がい者になり得る
　普段障がいには関係ないと思っている人も、大きなキャリーバッグをもって出かけたときには、階段や段差はとても不便な障害物になります。女性も妊娠すると、大きなおなかで足元が見えにくくなり、小さな段差や階段がとても不便です。出産後、ベビーカーに乳幼児を乗せての外出も、車いす使用者と似たような不便さが生じます。けがをして松葉杖（まつばづえ）になった時も同様です。こうした時、人は一時的に障がいのある状態と等しくなります。

また、人は高齢になるにつれて、生活の不便さが増してきます。今までできていたことが少しずつ困難になり、できなくなってきます。ある意味、人は年齢とともに障がい者になっていくともいえます。

② 配慮があれば一緒にできる

エレベーターのあるビルの高層階のフラットな部屋での会議に車いす使用者が出かけても、特別障がいは関係なく、会議に参加できます。しかし終了後、停電などでエレベーターが止まってしまうと、一人では階段を降りられなくなります。そこで車いす使用者は障害を受けるわけです。段差がない環境では車いす使用者は特別に障害を受けずに行動できますが、段差があったらそこではじめて障がい者になります。

また、ノートテイクや手話通訳があり、会議の進め方を周りの人が少し配慮すれば、聴覚に障がいのある人も一緒に会議に参加でき、発言もできます。

最初から多様な人が参加することを前提に考えれば、企画・計画段階から誰もが参加しやすい工夫をすることは、難しいことではないのです。

TOPICS　環境が変われば、あなたも障がい者

より多くの構成人員（**マジョリティ**）にとって便利な環境は、そのなかでの少数派（**マイノリティ**）にとっては、とても不便な状況になる場合が多くあります。

例えば、日本語しかできない人が、海外に行ったとき、どのような状況になるかを考えてみましょう。日本語表示がなく日本語を解する人がいない状況では、ほとんどコミュニケーションが成り立たなくなり、コミュニケーション障がい者になることがあります。

また、外国に行かなくても、人はコミュニケーション障がい者になることがあります。それは、ろう者（生まれつきか、言語を獲得する前の1～2歳で聴覚を失った人で、ろう文化で育った人）ばかりのミーティングや飲み会に参加した時などです。周りはすごいスピードの日本手話で会話していますが、その手話を読み取れない聴者は、その場では逆に障がい者のようになります。また突然の停電時、普段目で確認している人は動けなくなります。でも全盲で白杖をもって活動している人は、いつもと同じように動けます。そういう時は、見えている人が見えない人にサポートしてもらうことになるのです。

③ 価値観や常識は変わっていく

　かつて若い人が大多数だった時代には、高齢者や障がい者は**マイノリティ**でした。また、小さな子どもを子育て中の女性は、家庭で家事・育児に専念することが当たり前といわれていました。そうした時代には、イベントも元気で若い人が来場することを前提にして、少数の高齢者や障がい者への対応は「特別対応」でもよかったのでしょう。しかし、高齢化や国際化が進み、何らかの障がいのある人が**マジョリティ**になりつつあるのです。

　イベントは不特定多数の来場者が対象なので、**ユニバーサルデザイン・ユニバーサルサービス**への配慮が重要だと考えられます。

　こうした配慮のできているユニバーサルイベントは、実は誰もが快適に参加できるイベントになります。だから、ユニバーサルイベントは「当たり前」のイベントであり、**福祉イベントではない**のです。

TOPICS　ユニバーサルデザインとは

　　　　　　　　　UDの配慮が当たり前
・福祉用品　　　　　　　　　　　　　　　・専門特化
・介護　　　　　　・一般的用品　　　　　　用品
　　　　　　　　　・サービスシステム

　年齢や障がいの有無にかかわらず、すべての人が安全で快適な"もの""建物""空間""サービス"をデザインするというのが、ユニバーサルデザイン（UD）の概念です。狭義には、ものやプロダクトのデザインをユニバーサルデザインといい、サービスや考え方をユニバーサルサービスといっています。

　高齢者や障がい者、子育てをしながら働く男女、外国人、メンタルな問題を抱えている人たちなど、様々な特性をもつ人たちが、共に自分らしく活き活きと活躍できる社会が法的にも整備されてきました。多様な特性をもつ人たちが活き活きと活躍できる社会を推進していくには、すべてのことにユニバーサルデザインの視点が不可欠です。

15-2 ユニバーサルイベントの基本構造

では、ユニバーサルイベントにはどのような視点と配慮が必要かを考えてみましょう。

1．企画・計画時から多様性に配慮する

イベントの運営面で配慮するためには、イベントの企画・計画時からユニバーサルイベントを前提としてイベント全体の構築をしていくことが重要です。

ユニバーサルイベントを実施するには、基本的な企画構成にユニバーサルデザイン・ユニバーサルサービスができる計画を盛り込んでおかなければなりません。そうでないと、運営時にユニバーサルサービスを実施しようとしても、ハード面での「バリア」が困難度を高めてしまうことになります。

すなわち、最初からバリアになりそうなことや物をつくらない設計によって、ユニバーサルイベントをよりスムーズに実施することができるのです。

TOPICS　多様な人と共に考え、行動することが大切

ユニバーサルイベントでは、高齢者も障がい者も子どもも外国人も女性も男性も、すべての人々に快適で十分な"サービス"を提供することが重要です。

では、どのようにしたら、より多くの多様な人の特性に配慮できるのでしょうか？

まず第一に、それぞれの特性を理解することです。最初は、自分の特性と違う人に声をかけるのは気が引けるかもしれません。でも勇気を出して、多様な人が集う場に出かけたり、一緒に食べたり飲んだり行動を共にしてみましょう。そして互いの特性を理解し合うことが必要です。そのうえで共に考え、行動したなかから、知恵と工夫で新たな発想を生み出し、設計やサービスシステムに反映していくことが大切です。

2．ユニバーサルイベント構成の4要件

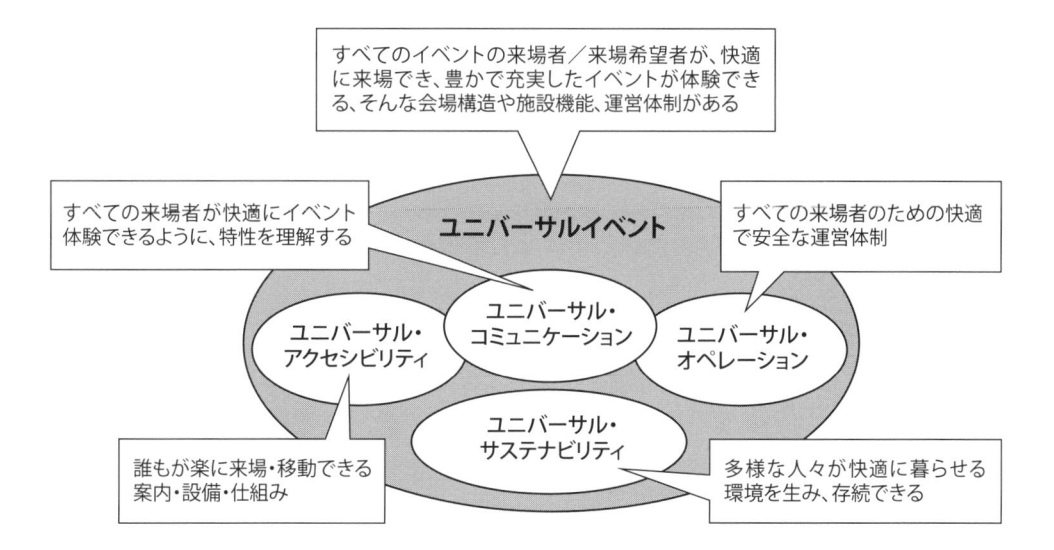

では、どのような要件を企画・計画時から考えていくのか、ユニバーサルイベントの構成要件を見ていきましょう。

ユニバーサルイベントの4要件

① 告知・広報と会場施設構造のユニバーサル・アクセシビリティ
② イベントプログラム表現のユニバーサル・コミュニケーション
③ 会場運営におけるユニバーサル・オペレーション
④ 新たな文化の普及・促進というユニバーサル・サステナビリティ

これらの要件のそれぞれを完璧に実現することは難しい場合もあるでしょう。しかし、それぞれを連携させ相乗効果を発揮し、全体として、少しでも理想のユニバーサルイベントに近づけようと努力する姿勢が重要です。また、ハードだけでなくソフトの人的対応も、ユニバーサルイベントを実現するためには強力な力になります。さらに、現在では様々なコミュニケーション支援のアプリケーションやツールも開発されています。それらを有効に活用していくことが、ユニバーサルイベントをより楽に快適に実現することにつながります。

図表4－11　ユニバーサルイベント構成の4要件

- すべてのイベントの来場者／来場希望者が、快適に来場でき、豊かで充実したイベントが体験できる、そんな会場構造や施設機能、運営体制がある
- すべての来場者が快適にイベント体験できるように、特性を理解する
- すべての来場者のための快適で安全な運営体制
- 誰もが楽に来場・移動できる案内・設備・仕組み
- 多様な人々が快適に暮らせる環境を生み、存続できる

ユニバーサルイベント
- ユニバーサル・アクセシビリティ
- ユニバーサル・コミュニケーション
- ユニバーサル・オペレーション
- ユニバーサル・サステナビリティ

① ユニバーサル・アクセシビリティ
a．告知・広報のユニバーサル・アクセシビリティ
　アクセシビリティとは、「**対象への容易な通行・移動・接近の可能性**」ということです。そのためにはホームページなどによる事前情報の提供が欠かせませんが、ユニバーサルイベントでは、まずイベントの告知や広報を、多様な特性のある人（外国人・障がい者・高齢者・妊婦・子連れ参加者・LGBTなど）が、容易に知り、理解できる配慮が必要です。
　具体的には、以下のような配慮が求められます。

告知・広報のホームページなどに求められる配慮

・見えない人でも情報が入手できる、読み上げ可能な「テキストデータ」が組み込まれている。
・聴こえない人でも容易に質問や確認ができるように、電話だけでなくメールなど文字情報での応対も可能にする。
・日本語だけでなく、英語・中国語・韓国語などでもアクセス可能な対応に配慮する（参加者を想定した必要言語を中心に設計する）。
・高齢者など、ITになじみのない人へのアクセス方法も付加することと、わかりやすい言葉で相手が理解可能な対応方法に配慮する。

　　　　　　　　　　　　　　　　　　　　　　　　　　　　　　　　　　　　　　など

---

b．会場施設構造のユニバーサル・アクセシビリティ
　ユニバーサルイベントでは、イベント会場の物理的な「**経路・通路の通行・移動可能性**」と「**プログラム施設への接近・参加可能性**」に配慮する必要があります。みんなが一緒に、国籍や年齢の違い、障がいの有無にかかわらず、誰もが容易に展示施設や上演プログラムにアクセスできる施設構造をもったイベント会場を設計する必要があります。

　ユニバーサル・アクセシビリティを考えるとき最も重要なことは、様々な特性のある当事者の意見を聞き、事前に体験してもらうことです。企画・計画時に、設計者が自分の思い込みで、段差の解消はスロープ、聴こえない人には手話通訳、などと配慮しても、必ずしもそれが最適な方法とはいえません。車いすでスロープを自分が上れるか試したり、2ミリくらいの段差を体験すると、実際は上れなかったり、ちょっとした段差が最も危ないことに気づくはずです。

第15節　ユニバーサルイベント

図表4－12　ユニバーサル・アクセシビリティの基本的基準の例

車いすの通過に必要な最低幅　　幅：80cm

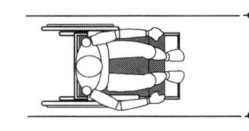

車いすが180度回転できる最低寸法　　幅：170cm　幅：140cm

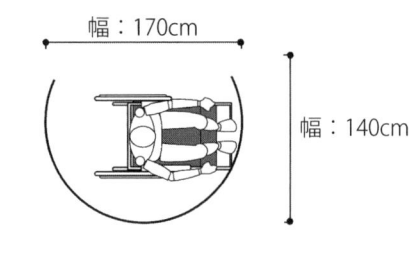

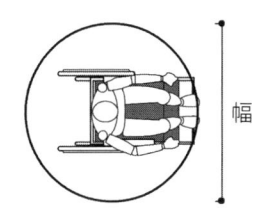

余裕のある通過および通行に必要な最低幅　　幅：90cm

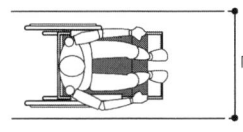

車いすと人のすれ違いの最低幅　　幅：135cm

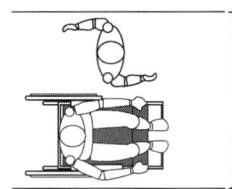

車いすが360度回転できる最低寸法　　幅：150cm

車いすと車いすのすれ違いの最低幅　　幅：180cm

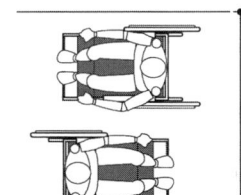

電動車いすが360度回転できる最低寸法　　幅：180cm

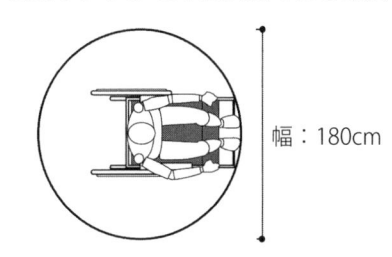

カウンターの標準的な整備内容

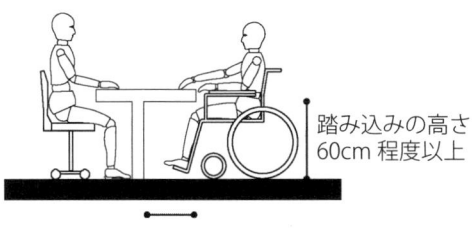

踏み込みの高さ60cm程度以上
踏み込みの奥行き40cm程度以上

カウンターの一部の高さ75cm程度
踏み込みの高さ60cm程度以上

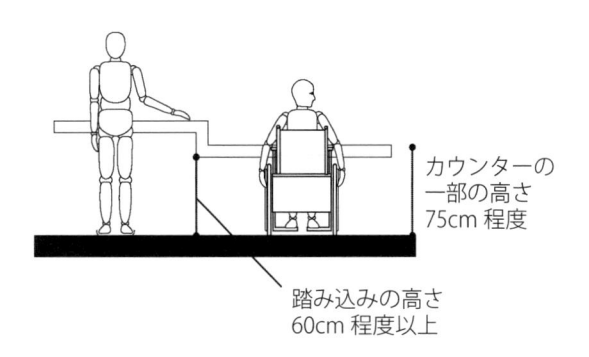

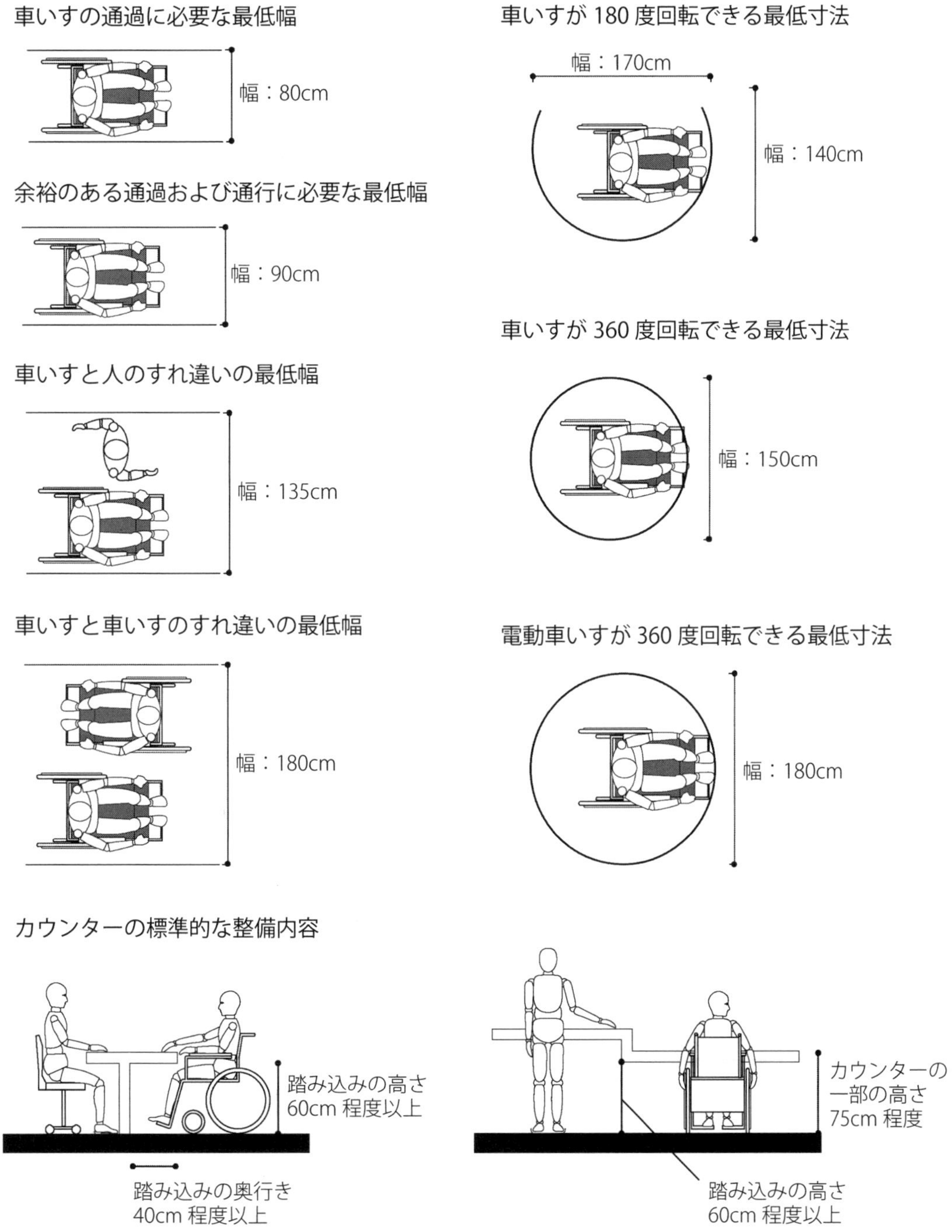

※公益財団法人交通エコロジー・モビリティ財団「公共交通機関の旅客施設に関する移動等円滑化整備ガイドライン」より
※その他は、NPOユニバーサルイベント協会のHPにリンクしている「展示会ガイドライン」
（http://u-event.jp/pdf/TENJIKAI.pdf）を参照してください。

167

第4章　イベントの運営とマネジメント

②イベントプログラム表現のユニバーサル・コミュニケーション

　ユニバーサル・コミュニケーションとは、来場者の誰もがイベントプログラムの内容を理解でき参加でき、十分なコミュニケーションができるように配慮することです。

　イベントは双方向のコミュニケーションが現場でできることが醍醐味でもあります。日本語の理解が難しい人、視覚障がいや聴覚障がい、歩行障がい（杖や車いす利用者など）など、様々な障がいのある人たちとのコミュニケーションに配慮したプログラム表現を工夫し、実施・運営するということです。

　現在ではスマートフォンのアプリケーションを利用した多言語対応や、指さしで簡単な情報提供やコミュニケーションが図れるコミュニケーション・ボード、遠隔手話サービスなど、多くのユニバーサルなツールや製品・技術を活用することで、ユニバーサルなコミュニケーションがスムーズにできるようになっています。

▶日本語の理解が難しい人
外国人、難しい表現の苦手な知的障がい者、ディスレクシア（知的能力に問題はないが、読み書きに困難がある症状）の人などが考えられる。

TOPICS　　ユニバーサルコミュニケーション・ツールの紹介

●「コミュニケーション支援ボード」

　言葉が通じなくても、イラストを指さすことで意思が伝えられるボードです。日本語のわからない外国人、聴覚障がい、知的障がい、発達障がい、高齢者などが様々な場面で、困ったときに簡単にコミュニケーションがとれます。

　ボードは、イラストのほか日本語・英語・中国語・韓国語の4カ国語が併記されており、場面や状況ごとに、「どうしましたか？、時間／お金、乗り物／駅、場所、もの、人」の6枚に分かれています。有人の窓口に置くタイプと、持ち運びができるタイプがありますが、現在は以下のアドレスからPDFがダウンロードできます。

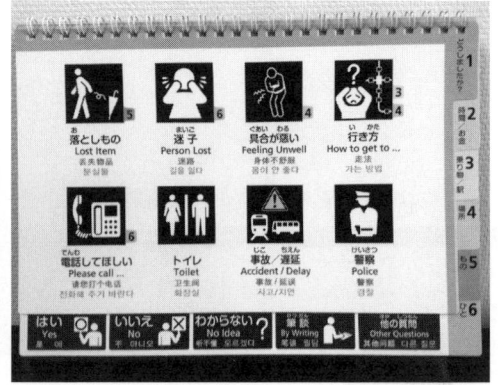

※「コミュニケーション支援ボード」（公益財団法人交通エコロジー・モビリティ財団）
　http://www.ecomo.or.jp/barrierfree/comboard/comboard_top.html　（URLは2015年2月現在、以下同）

第15節　ユニバーサルイベント

●スマホなどの筆談アプリ

　スマートフォンやタブレット端末で使える各種の筆談アプリケーションは、画面に手で書いた絵や文字で相手とコミュニケーションができます。聴こえない人や外国人とのコミュニケーションに便利です。

写真左：「筆談パット」…二分された画面に反転した文字が表示され、対面している人と筆談しやすくなっている。
写真右：「UD手書き」…音声認識機能も追加可能。

※「筆談パット」（Catalystwo）　　http://www.catalystwo.com/index_ja.html
※「UD手書き」（プラスヴォイス）　http://plusvoice.jp/UDtegaki/

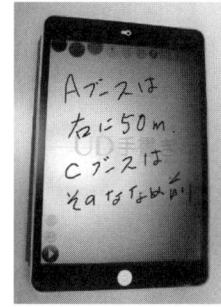

●「手書き電話UD」

　「手書き電話UD」は、離れた人と、手書き文字による筆談ができるアプリケーションです。自分の端末に手書きで書いている文字や絵が、リアルタイムで相手の端末に表示されます。キーボード入力もでき、音声認識機能も追加可能です。
　電話ができない聴覚障がい者に便利なだけでなく、騒音の中でのコミュニケーションや、コンサートスタッフに音を出さずに指示をしたい場合など、様々な使い方が考えられます。

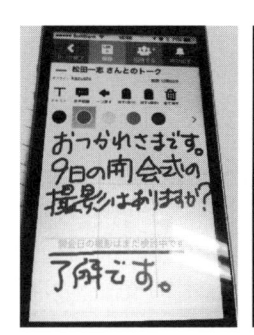

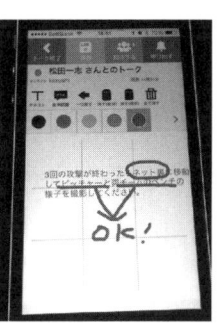

※「手書き電話UD」（プラスヴォイス）　http://tegakidenwa.jp

●音声コード　「Uni-Voice」

　「Uni-Voice」は、スマートフォンなどの端末のカメラで読みとると、格納してある文字データの表示だけでなく、音声による読み上げができる2次元バーコードです。文書が読みとれないハンデの解消などに役立ちます。
　また、多言語の表示・読み上げにも対応しているため、イベントの案内における多言語対応の可能性を大きく広げます。

写真左：右下にUni-Voiceのコードがあるパンフレット。
写真右：コードを読みとった端末（音声による読み上げも行われている）。

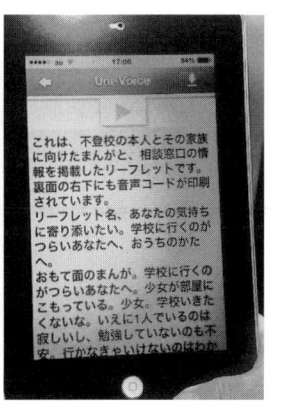

※「Uni-Voice」（Uni-Voice事業企画株式会社）　http://www.uni-voice.co.jp

第4章　イベントの運営とマネジメント

③ 会場運営におけるユニバーサル・オペレーション

　ユニバーサル・オペレーションとは、誰もが、快適にイベントに来場し参加できるように配慮した運営のことで、主に運営スタッフの運営技術や運営姿勢のあり方です。ユニバーサル・オペレーションは、ユニバーサル・アクセシビリティやユニバーサル・コミュニケーションを補うという点でも、極めて重要であり、効果的でもあります。

　外国人や障がい者、高齢者の特性を、思い込みで勝手に判断して対応することは最も危険です。それぞれの特性について学び、様々な人との交流のうえ、たとえ特性が同じでも一人ひとりの状況や対応方法は違うのだということを前提に、スタッフの育成をすることが大切です。

　さらに最近ではハラールやアレルギーに対する対応など、食に対する安全や禁忌（きんき）の表示も重要になってきました。

　こうした多様性へのオペレーションの配慮内容には、主に以下のものがあります。

▶ハラール（ハラル）
イスラム法において合法なもののことをハラールといい、非合法なもののことをハラームという。そして、最近ではそれ以外のハラールでない物のことを非ハラール（non halal）と称することもある。
ハラールはひと言でも、意味として2つある。1つはイスラム法で合法であること、そしてもう1つは健康的、清潔、安全、高品質、高栄養価であることである。

多様性へのオペレーション上、配慮すべき内容

・外国のそれぞれの文化による常識の違いや慣習など

・高齢者の身体的特性と精神的特性への理解

・宗教やアレルギーによる提供食品（レストランや食のブース）の基本

・身体障がい者への理解とサポートの基本
　（杖使用や歩行困難者、車いす利用者、手や指の使用困難者、脳性まひ）

・知的障がい者への理解と対応と配慮の基本

・自閉症・アスペルガー・ディスレクシア・うつ・統合失調・発達障がいなどの精神障がい者に対する対応と配慮の基本

・内部障がい者への理解と配慮の基本（心臓機能障がい・腎臓機能障がい・呼吸機能障がい・膀胱（ぼうこう）または直腸機能障がい・小腸機能障がい・免疫機能障がい・肝臓機能障がい）

・LGBT（同性愛者や性同一性障がいなど）への理解と配慮の基本

　　　　　　　　　　　　　　　　　　　　　　　　　　　　　　　　など

④ 新たな文化の普及・促進というユニバーサル・サステナビリティ

　国際的に多様性が重要視され、様々な国や個人の特性に配慮した社会を創造するために、多様性の考え方を認知・普及することが急務になっています。ユニバーサルイベントにおけるサステナビリティの役割は、そこにあるといえるでしょう。

　イベントを誰もが普通に参加できるユニバーサルイベントにするためには、多様な来場者特性を理解したうえで、その特性に合わせた企画・計画、実施・運営をすること、誰もが参加できる施設設計にすること、コミュニケーションに配慮した運営にすることが大前提にあります。
　その結果、誰もが一緒に参加できるユニバーサルな環境への理解と周知につながっていきます。イベントのつくり手はもちろん、多くの来場者も、誰もが一緒という**インクルーシブな環境**を体験し、理解を深め、文化として広まっていくというレガシーが創造されていきます。もちろん、施設などのユニバーサルデザインの建築物がその後も使われるというハード面でのレガシーも生み出しますが、さらに新たなユニバーサルな文化の普及・促進という価値づくりができることもユニバーサルイベントの重要なレガシーであり、サステナビリティであります。

◀インクルーシブ
すべてを含んだ、という意の英語だが、ここでは「ソーシャル・インクルージョン」（社会的包摂）という言葉の形容詞的使い方。「ソーシャル・インクルージョン」は、あらゆる人が孤立したり、排除されたりしないよう援護し、社会の構成員として包み、支え合うという社会政策の理念。

参考・引用文献 ※URLは2015年2月現在

【第1章】 p.9 観光庁「MICEの開催・誘致の推進」 http://www.mlit.go.jp/kankocho/shisaku/kokusai/mice.html

p.16 平野繁臣『国際博覧会歴史事典』／内山工房／1999

p.17 国立国会図書館「博覧会―近代技術の展示場」 http://www.ndl.go.jp/exposition/s1/1851.html

久島伸昭『「万博」発明発見50の物語』／講談社／2004

p.18 国立国会図書館「世界の中のニッポン」 http://ndl.go.jp/site_nippon/vienna/index.html

【第2章】 p.44 ジェームス・W・ヤング 今井茂雄訳『アイデアのつくり方』／阪急コミュニケーションズ／1988

【第3章】 p.106 井之上喬『パブリック・リレーションズ―最短距離で目標を達成する「戦略広報」』／日本評論社／2006

【第4章】 p.139 浜辺陽一郎『図解コンプライアンス経営』／東洋経済新報社／2003

p.147 品川区保健所「興行場のてびき」 http://www.city.shinagawa.tokyo.jp/ct/other000046600/kougyoujyoutebiki.pdf

p.158 C. Gratton and H. Preuss "Maximizing Olympic Impacts by Building Up Legacies"／2008

p.160 WHO「World Health Statistics 2014」 http://www.who.int/gho/publications/world_health_statistics/2014/en/

国立社会保障・人口問題研究所「日本の将来推計人口（平成24年1月推計）」 http://www.ipss.go.jp/syoushika/tohkei/newest04/gh2401.pdf

p.167 公益財団法人交通エコロジー・モビリティ財団「公共交通機関の旅客施設に関する移動等円滑化整備ガイドライン」 http://www.ecomo.or.jp/barrierfree/guideline/guideline_top.html

p.168 公益財団法人交通エコロジー・モビリティ財団「コミュニケーション支援ボード」 http://www.ecomo.or.jp/barrierfree/comboard/comboard_top.html

p.169 Catalystwo「筆談パット」 http://www.catalystwo.com/index_ja.html

プラスヴォイス「UD手書き」 http://plusvoice.jp/UDtegaki/

プラスヴォイス「手書き電話UD」 http://tegakidenwa.jp

Uni-Voice事業企画株式会社「Uni-Voice」 http://www.uni-voice.co.jp

【イベントをより理解するための参考図書（編著者五十音順）】

- イベント学会 編『イベント学のすすめ』／ぎょうせい／2008
- 小松和彦 編『現代の世相5 祭りとイベント』／小学館／1997
- 辻明伸『ハノーバー・メッセ物語―世界最大の見本市その素顔』／にっかん書房／1988
- 日本イベントプロデュース協会ユニバーサルイベント編集委員会 編『いまなぜユニバーサルイベントなのか―新しいイベントの概念を求めて』／日本イベントプロデュース協会／2000
- 橋爪紳也『人生は博覧会 日本ランカイ屋列伝』／晶文社／2001
- 平野暁臣『「イベント実務」がよくわかる本』／イースト・プレス／2007
- 松平誠『都市祝祭の社会学』／有斐閣／1990
- 間野義之『オリンピック・レガシー：2020年東京をこう変える！』／ポプラ社／2013
- 吉田光邦『改訂版 万国博覧会―技術文明史的に』／NHKブックス／1985

●編著者

間藤芳樹　　株式会社マッシュ　代表取締役
　　　　　　羽衣国際大学　客員教授
　　　　　　鹿屋体育大学　講師
　　　　　　日本イベント業務管理士協会　副会長
　　　　　　イベント学会　理事

●著者（五十音順）

内山早苗　　NPOユニバーサルイベント協会　代表理事

梶原貞幸　　淑徳大学非常勤講師　イベント学会理事

越川延明　　株式会社セレスポ　サステナブルイベント研究所　所長

三好邦浩　　キッズコーポレーション株式会社　代表取締役社長

●執筆分担

第1章　イベントの概念と全体像　　　　間藤芳樹

第2章　イベントの企画と計画　　　　　梶原貞幸

第3章　イベントの制作推進　　　　　　越川延明

第4章　イベントの運営とマネジメント
　　　　　　第11～13節　　三好邦浩
　　　　　　第14節　　　　梶原貞幸
　　　　　　　　　　　　　越川延明
　　　　　　第15節　　　　内山早苗

イベント検定公式テキスト
基礎から学ぶ、基礎からわかるイベント

2015年4月　　　第1版　第1刷
2020年9月　　　　　　　第3刷

監　修	一般社団法人日本イベント産業振興協会 能力・コンテンツ委員会
発行者	石井　直
発行所	一般社団法人日本イベント産業振興協会 東京都千代田区一番町 13-7 一番町ＫＧビル3階 http://www.jace.or.jp
発売元	株式会社ＵＤジャパン 東京都港区港南 2-12-27 TEL 03-5769-0212　FAX 03-5460-0240 http://www.ud-japan.com 郵便振替口座　00150-6-358542
印刷所	株式会社シナノ

落丁・乱丁、その他不良な品がございましたら、お取り替えいたします。
お買い求めの書店か小社へお申し付けください。

©2015　Japan Association for the Promotion of Creative Events
無断転載・無断複写複製（コピー）を禁ず。
ISBN978-4-901173-28-5 C2036